Schriften zur psychosozialen Gesundheit

Leon Reicherts

Single-Case Expert

Eine Software für verteilungsfreie Zeitreihenanalysen von Einzelfällen

Impressum

CIP-Titelaufnahme der Deutschen Bibliothek
Leon Reicherts
Single-Case Expert
Eine Software für verteilungsfreie Zeitreihenanalysen von Einzelfällen.

Goßmannsdorf/Ochsenfurt: ZKS-Verlag
Alle Rechte vorbehalten

© 2018 ZKS-Verlag

Technische Redaktion: Meike Kappenstein
Lektorat: Tony Hofmann
Cover-Design: Leon Reicherts

ISBN 978-3-947502-91-2

Anschrift:
ZKS-Verlag / Verlag für psychosoziale Medien
Winterhäuser Str. 13
97199 Goßmannsdorf/Ochsenfurt

Kontakt:
info@zks-verlag.de
www.zks-verlag.de
Tel./Fax (09331) 2001509

Danksagung

An dieser Stelle möchte ich allen danken, die mich bei meiner Bachelorarbeit, die der vorliegenden Publikation zugrunde liegt, unterstützt und begleitet haben.

Ein großer Dank geht an Prof. Dr. Martin Huber für die ausgezeichnete Betreuung der Arbeit und für die wichtigen Ratschläge sowie den konstruktiven Austausch. Für die Hilfe bei der Analyse der statistischen Verfahren und ihrer Berechnungslogik möchte ich Dr. Christoph Leuenberger herzlich danken. Ein Dankeschön geht auch an die Doktorandinnen am Departement für Informatik Rédina Berkachy und Layal Pipoz für ihre technische Unterstützung bei der Entwicklung des Programmcodes. Weiter möchte ich Prof. Dr. Philippe Genoud für seine methodischen und statistischen Vorschläge danken. Ein spezieller Dank gilt auch meinem Vater, Prof. em. Dr. Michael Reicherts, für viele spannende und hilfreiche Diskussionen während des Studiums und speziell während der Realisierung dieses Projekts.

Abstract

Die Webapplikation *Single-Case Expert (SCE)* ist ein neuartiges methodisch-statistisches Hilfsmittel zur Durchführung und Auswertung von Einzelfallanalysen.

Einzelfallanalysen haben zum Ziel, Zustände oder Verhaltensweisen eines Individuums bzw. sozialen Aggregates auch in ihrer Abfolge zu beschreiben oder – wenn möglich – zu erklären. Neben dem Entwickeln und Erproben entsprechender Hypothesen (für die Bildung neuer Theorien) ermöglicht der im Kontext dieser Arbeit wichtige *quantitative Ansatz*, noch mehr als der *qualitative*, die Schaffung neuer *Evidenz*, sofern die jeweils angemessenen Ansätze und Methoden in der Planung, Durchführung und Interpretation der Untersuchungen angewendet werden. Diese Methoden werden zusammen mit Fallbeispielen aus verschiedenen Domänen ausführlich in dem neuen Sammelband über Einzelfallanalysen (Reicherts & Genoud, 2015) beschrieben. Die Webapplikation *SCE* ist als „Werkzeugkasten" zu dieser Publikation zu verstehen, speziell zum 7. Kapitel, wo einige für die Einzelfallanalyse wichtige nonparametrische statistische Verfahren vorgestellt werden.

SCE schlägt ausgehend von den eingegebenen Daten passende Methoden vor und erlaubt eine benutzergeführte und weitgehend automatisierte Durchführung der im Buch beschriebenen Methoden. Die Verfahren dienen dazu, die Zeitreihe auf ihre *Zufälligkeit*, auf *zyklische Variation* und auf *Trends* in der *zentralen Tendenz* und der *Dispersion*, sowie auf *Niveau-Unterschiede* zu untersuchen. Davon ausgehend lassen sich Hypothesen *bilden* oder *unterstützen*, oder Interventionen können in ihrer Wirksamkeit untersucht werden.

Einzelfallanalysen, für Forschung und evidenzbasierte Praxis sehr wichtig, aber in beiden Feldern noch nicht ihrer Relevanz entsprechend verbreitet, sollen mit diesem Tool speziell für Praktiker erleichtert werden, da man gerade hier laufend mit Einzelfällen zu tun hat, diese aber oft nicht angemessen analysieren kann, weil die nötigen methodischen Wissensgrundlagen und Werkzeuge fehlen.

Der vorliegende Text ist eine angepasste und erweiterte Version der gleichnamigen Bachelorarbeit, die an der Universität Freiburg (Schweiz), Departement für Ökonomie, Lehrstuhl für angewandte Ökonometrie von Prof. Dr. Martin Huber betreut und im August 2016 angenommen wurde.

Release Version (v1.0)

www.single-case.expert

Inhalt

1 Einführung

1.1 Einzelfälle in Wissenschaft und Praxis

Es gibt berühmte Beispiele, in denen Einzelfälle zu wichtigen Hypothesen oder zu ihrer Revision geführt haben: Der Fall des H. M. (Milner, 1966; z. n. Haymoz, Ledermann & Martin-Soelch, 2015) der nach Ablation des Hippocampus schwere Störungen seines Erinnerungsvermögens zeigte; die *Vergessenskurve*, die Ebbinghaus (1885) im Selbstversuch entdeckte; die Revision der modernen genetischen Abstammungstheorie durch einen einzigen Schädelfund in einer Höhle in Israel (Hershkovitz et al., 2015): Danach war der „moderne Mensch" aus Afrika (*Eva0* und *Adam0*) nicht der einzige Vorfahre, von dem wir abstammen, sondern der nördliche Neandertaler hat sich mit ihm gemischt, und unser Chromosomensatz enthält auch Elemente von ihm.

Die Wichtigkeit dieser Einzelfälle ist unbestritten, und dennoch hat die systematische Einzelfallanalyse in Wissenschaft und Praxis noch längst nicht den Stellenwert, der ihr eigentlich zukommen müsste.

Die Einzelfallanalyse bezieht sich auf eine einzelne Untersuchungseinheit (eine Person, eine Gruppe oder eine Gesellschaft), die als Ganzes betrachtet wird und deren Zustände und Verhaltensweisen im Verlauf analysiert werden. Die vorliegende Arbeit beschäftigt sich mit *quantitativen* bzw. *quantifizierenden* Vorgehensweisen zur Untersuchung derartiger Einzelfalldaten (siehe Abschnitt 1.4). Wichtige Vertreter der quantitativen Einzelfallmethodik sind in der angelsächsischen Psychologie Hersen und Barlow (1976) oder Kratochwill (1986). Im deutschen Sprachraum sind die Arbeiten von Westmeyer (1979), der Sammelband von Petermann (1996) oder in jüngerer Zeit Köhler (2008) zu nennen.

Der neue Sammelband von Reicherts und Genoud (2015), der dieser Methodik neue Impulse geben möchte, war ausschlaggebend für die Entwicklung dieser Applikation, speziell das 7. Kapitel zu den non-parametrischen Methoden (Reicherts, M., Genoud, P. & Reicherts, L., 2015). Im Text wird in diesem Sinne von dem „Referenzwerk" oder dem „Referenzkapitel" gesprochen.

Andere Formen, die in *SCE* nicht behandelt werden, sind z. B. Einzelfallbeschreibungen oder Fallstudien mit rein qualitativem, deskriptivem, oder didaktischem Charakter (z. B. Kasuistiken oder *Case Studies*; siehe auch Reicherts und Genoud, 2015, S. 20 f.).

1.2 Wissensarten, Hypothesen und ihre Überprüfung

Um die verschiedenen Problem- bzw. Aussagebereiche zu differenzieren, ist es nützlich, verschiedene Wissensarten zu unterscheiden (nach Bunge, 1967, 1985; Perrez & Patry, 1982): (a) *Faktenwissen,* (b) *Bedingungswissen* und (c) *Veränderungswissen.* Faktenwissen betrifft das *Know That* mit einer Struktur „A ist/hat X", Bedingungswissen, das *Know Why,* beinhaltet Aussagen der Form „Wenn-dann" oder „Je mehr, desto", das Veränderungswissen *Know How* erlaubt Aussagen im Sinne sog. Technologischer Regeln „B per A" oder „Um B unter den Bedingungen S zu erreichen, empfiehlt sich A zu tun". Beispiel:

(1) Die Zahl der Konflikte eines Paares ist im Vergleich zur vorausgehenden Periode höher *(Faktenwissen).*

(2) Die Zahl der Paarkonflikte ist höher, weil Kommunikationsprobleme zwischen den Partnern vorliegen *(Bedingungswissen).*

(3) Um die Zahl der Paarkonflikte zu reduzieren, empfiehlt sich eine Verbesserung der Kommunikationstechniken *(Veränderungswissen)*.

Für alle Wissensarten bzw. für die mit ihnen verbundenen Aussagen stellt sich die Frage nach ihrer Gewinnung und (Über-)Prüfung, auch im Kontext von Einzelfällen; sei es in der Forschung – sei es in der Praxis. Die damit verbundenen Hypothesen – als begründete Annahmen – lassen sich folgendermaßen systematisieren (nach Reicherts & Genoud, 2015, S. 32):

(1)	Singuläre Hypothese	Bezieht sich auf ein einzelnes Objekt und behauptet das Vorhandensein eines Merkmals.
(2)	Existenz-Hypothese	Behauptet das Vorhandensein von wenigstens einem bestimmten Objekt, das ein bestimmtes Merkmal aufweist.
(3)	Universelle Hypothese	Behauptet für alle Objekte einer bestimmten Gesamtheit, dass sie ein bestimmtes Merkmal aufweisen.
(4)	Aggregatshypothese	Behauptet für eine Gesamtheit von Objekten ein bestimmtes, meist statistisches, Merkmal.

Einzelfallanalysen eignen sich insbesondere zur Formulierung und Überprüfung von singulären Hypothesen und Existenzhypothesen (siehe hierzu auch die Fallbeispiele im 5. Kapitel, v. a. Abschnitt 5.7). Eine Untersuchung von universellen Hypothesen ist nur möglich, wenn die Einzelfallanalysen hinreichend oft *systematisch repliziert werden*. Damit ist die wissenschaftstheoretische Problematik der *Generalisierbarkeit* angesprochen: Während z. B. eine Hypothese, die für einen Einzelfall behauptet, dass eine bestimmte Kommunikationstechnik das Interaktionsverhalten dieser Person verbessert, sich gut mit einer Zeitreihenanalyse (quasi-experimentelle „Interventionsanalyse") untersuchen lässt, kann eine entsprechende universelle Hypothese, die einen positiven Einfluss dieser Kommunikationstechnik bei allen Personen behauptet, nur durch mehrfache und systematische Replikationen überprüft werden. Und selbst in diesem Fall kann die gewonnene Evidenz nicht abschließend „bestätigt", sondern nur vorläufig gestützt werden (z. B. Westmeyer, 1996; Perrez & Patry, 1982; siehe auch Abschnitt 5.7). Im Unterschied dazu sind bei Aggregatshypothesen *grundsätzlich* Gruppenuntersuchungen notwendig, um die gesuchten Parameter (z. B. zentrale Tendenz oder Dispersion) einer bestimmten Gesamtheit statistisch fundiert (z. B. durch bestimmte Stichprobenziehung und -größe) zu ermitteln.

Auch im Einzelfall sollte nicht nur die Datengewinnung nach bestimmten Kriterien erfolgen: geeignete Versuchsplanung (Design), Indikatorbildung bzw. Operationalisierung, objektive, reliable und valide Datenerfassung (Reicherts & Genoud, 2015, S. 25; „Komponenten von Versuchsplänen"). Auch die Untersuchung bzw. Prüfung der Hypothesen sollte mit möglichst angemessenen Methoden erfolgen: mit präzisen, möglichst erschöpfenden Indikatoren und trennscharfen, für die statistische Entscheidung sensitiven Methoden. Dabei spielen insbesondere die zu wählenden Tests für die inferenzstatistische Entscheidung eine Rolle (siehe Abschnitt 2.3). Projiziert man die drei Wissensarten auf die beiden großen Bereiche des Forschungskontextes einerseits und des Anwendungskontexts andererseits, lässt sich die Bedeutung der quantitativen Einzelfallanalyse in Sozial- und Verhaltenswissenschaft in nachfolgender Tabelle veranschaulichen (vereinfacht übernommen aus Reicherts & Genoud, 2015, S. 28).

Wissensarten & ihre Aussagenstruktur	Forschungskontext	Anwendungskontext
Tatsachenwissen	1	2
„A ist/hat X" „Alle Individuen von G haben X"	Einzelfallanalysen für die Vorbereitung von systematischen Gruppenuntersuchungen zum Tatsachenwissen	*Einzelfalldiagnose*, Fallkontrolle Erfassung von Verhalten und Ereignissen
Bedingungswissen	3	4
„Wenn A – dann B" „Je A – desto B"	Einzelfallanalytische Experimente: z. B. systematische (Vor)Untersuchungen im Labor im Hinblick auf die Entwicklung kausaler Gesetzmäßigkeiten bzw. Theorien bzw. zu heuristischen Zwecken der Formulierung von Hypothesen im *Entstehungszusammenhang* von Bedingungswissen	Funktionale (Verhaltens-)Analyse Untersuchung von individuellen Bedingungen (Situationen, Ereignissen) und Konsequenzen (Verhalten und Erleben) Gewinnung *individueller* „Gesetzmäßigkeiten" bzw. funktionaler Hypothesen für den Einzelfall
Veränderungswissen	5	6
„B *(Ziel)* per A *(Intervention)*"	Einzelfallanalytische Experimente, z. B. systematische *Wirksamkeitsuntersuchungen* neuer Interventionen mit Replikation	Vorexperimentelle Einzelfallanalyse mit *A-B-Design* Bestimmung individueller Interventionsziele und Analyse von Veränderungen in Funktion bestimmter Interventionen

Im 5. Kapitel wird in den Fallbeispielen 4 und 5 dargestellt (siehe insbesondere Abschnitt 5.7), wie mit beobachtenden Designs Tatsachenwissen und zunächst hypothetisches Bedingungswissen gewonnen werden kann, bzw. wie mittels Fallkontrolle untersucht wird, ob solches, bereits vorhandenes Wissen auch im interessierenden Fall Gültigkeit hat. In Fallbeispiel 5 (siehe Abschnitt 5.5) wird zudem gezeigt wie mit einem *A-B-Design* (in einer Vorstudie gewonnenes) Bedingungswissen erhärtet und Veränderungswissen gebildet werden, und wie auf diese Weise die Wirksamkeit der Intervention geprüft werden kann.

1.3 Formen und Designs der Einzelfallanalyse

Die verschiedenen Formen der Einzelfallanalyse zur Exploration und Überprüfung bestimmter Verhaltensweisen, Zustände oder Ereignisse verlangen entsprechende *Versuchsanordnungen*. Diese umfassen mehrere Komponenten (Reicherts & Genoud, 2015, Teil II): neben der zugrundeliegenden Fragestellung, die Situation und den Kontext der Erfassung, die untersuchten Variablen, die Datenstruktur (abhängige & unabhängige Variable, Kontrollvariablen, Skalenniveaus), das Design im engen Sinne (z. B. *(quasi-) experimentelles* vs. *Beobachtungsdesign*), die Datenquellen und Erhebungsmethoden sowie die Methoden der Datenaufbereitung und statistischen Analyse. Im Mittelpunkt dieser Arbeit steht die *statistische Analyse*: diese soll durch die Entwicklung des Tools *SCE* unterstützt werden.

1.4 Die Quantitative Einzelfallanalyse

Der quantitativ-systematische Einzelfallansatz, der in *SCE* im Mittelpunkt steht, hat seit den 1970er Jahren zunehmend an Bedeutung gewonnen. Wichtige Impulse dazu lieferte die *ARIMA-Modellierung* von Box & Jenkins (1976). Neben diesem neueren parametrischen Ansatz existieren non-parametrische

Methoden schon seit längerer Zeit (z. B. Kendall & Bradford, 1953). Auch diese Methoden wurden seit den 70er Jahren vermehrt für die Einzelfallanalyse eingesetzt.

Nach Petermann (1996) kann die quantitative Einzelfallanalyse durch drei Bestimmungsstücke charakterisiert werden:

(1) Die Einzelfallanalyse betrachtet eine einzelne Untersuchungseinheit.

(2) Es geht um die Untersuchungseinheit als ganze; handelt es sich um Aggregate, werden nicht deren Bestandteile betrachtet.

(3) Die Untersuchungseinheit bzw. ihr Verhalten kann hinsichtlich (a) ihres natürlicherweise auftretenden Verhaltens oder (b) ihrer Veränderungen infolge einer unabhängigen Variable betrachtet werden. Petermann unterscheidet nach (a) *deskriptiver* und (b) *explikativer* Einzelfallanalyse.

Ein zentrales Problem bei jeglicher quantitativen Analyse ist die zusammenfassende Beschreibung von Merkmalen im Sinne von Unterschieden, Zusammenhängen und Trends, für die unterschiedliche statistische Verfahren zur Verfügung stehen (siehe 3. Kapitel). Für die quantitativ-systematische Einzelfallanalyse soll mit diesem Tool ein neuartiger Ansatz der benutzergeführten Durchführung solcher Analysen verfolgt werden.

Zur Erhebung und Aufbereitung der Daten existieren verschiedene Formen: zum Beispiel die diagnostische Analyse eines Einzelfalles, die Zielerreichungsanalyse, die Veränderungsmessung durch Messwiederholung und die Analyse von Verlaufsstrukturen und Prozessen oder die Aggregation von Einzelfallanalysen (siehe Reicherts & Genoud, 2015, S. 25). Jede Form verlangt entsprechende Designs, welche bestimmte Daten generieren, die wiederum passender statistischer Methoden bedürfen.

Die Anwendung entsprechender statistischer Methoden ermöglicht die Generierung von Evidenz, was sowohl für die Forschung als auch für die Praxis essenziell ist. Durch die Entwicklung eines Tools zur statistischen Auswertung von Einzelfalldaten können passende Methoden auf anwenderfreundliche Weise zur Verfügung gestellt werden.

1.5 Die Idee eines Expertensystems für die Analyse von Einzelfällen

Um die Verwendung von Einzelfallanalysen in der angewandten Forschung und Praxis, und damit das Potential an Wissens(zu)gewinn und Interventionskontrolle zu unterstützen und zu verbessern, ist die Idee eines computergestützten „Expertensystems" entstanden. Da die statistische Auswertungs-Methodik für viele Praktiker – und angewandte Forscher – das zentrale Problem bei der Durchführung von Einzelfallanalysen darstellt, möchte das Tool an diesem Punkt ansetzen. Als Webapplikation sollte *SCE* verschiedene *deskriptive* und *inferenzstatistische* Methoden (siehe 3. Kapitel) in einer grafischen und geführten Benutzeroberfläche bereitstellen und unterstützen. Es möchte insbesondere dem Mangel an relativ einfachen, zugänglichen Analysemöglichkeiten von Einzelfällen in der Praxis entgegenwirken.

Das Tool richtet sich zwar hauptsächlich an Praktiker, ist aber als Schnittstelle zwischen Forschung und Praxis zu verstehen, und kann z. B. auch für Studierende in den Sozial- und Wirtschaftswissenschaften nützlich sein. Diese Ausrichtung begründet die Hauptkriterien der Entwicklung dieser Applikation, die sich hauptsächlich auf die Qualität der Interaktion und die angemessene Interpretierbarkeit konzentrieren (siehe Abschnitt 4.1.3).

2 Statistische Grundlagen

2.1 Deskription, Inferenz und Exploration

Die Einzelfallanalyse zielt auf die Beantwortung verschiedener Fragen im Hinblick auf Zustände oder Verhaltensweisen eines Objektes und deren Veränderung (in Abhängigkeit von anderen Variablen). Solche Fragegestellungen können sich auf (a) *Tatsachen-*, (b) *Bedingungs-* oder (c) *Veränderungswissen* beziehen (siehe Abschnitt 1.2):

(a) Wie lässt sich die Verteilung/Ausprägung eines Zustands oder Verhaltens *beschreiben?*

(b) Wie lässt sich die Verteilung/Ausprägung eines Zustands oder Verhaltens *erklären?*

(c) Wie lässt sich die Verteilung/Ausprägung eines Zustands oder Verhaltens *verändern?*

Bei allen drei Fragestellungen dienen deskriptive Statistiken der Beschreibung bzw. der *Bildung* von Hypothesen, Inferenzstatistiken hingegen dienen der Beurteilung der überzufälligen, statistisch signifikanten Bedeutsamkeit bzw. der *Stützung* von Hypothesen.

Untersuchungen haben *explorativen Charakter*, wenn im Vorfeld nur beschränkt Annahmen bestehen und/oder sie nicht das Ziel haben, die Zustände und Verhaltensweisen eines Objektes abschließend nachzuweisen oder zu begründen. Im gesamtwissenschaftlichen Kontext sind Einzelfallstudien nicht zuletzt aufgrund der meist kleinen individuellen Datenmenge oft explorativer Art.

2.2 Skalenniveaus

Skalenniveaus sind eine wichtige Eigenschaft von Merkmalen, die durch die Art der Messung definiert werden. Folgende Beschreibung orientiert sich an Bortz, Lienert und Boehnke (2008, S. 61 ff.). Die einzelnen Stufen unterliegen einer hierarchischen Ordnung und lassen sich, vereinfachend, anhand folgender Tabelle unterscheiden (entnommen aus Reicherts, M., Genoud, P. & Reicherts, L., 2015, S. 199):

Skalenniveau	Zulässige Aussagen	Stat. Maßzahlen/Methoden	Beispiele
Nominal	Gleichheit Verschiedenheit	Frequenzen Kontingenzkoeffizient Vierfelderkorrelation *Phi*	Geschlecht dichotomisierte Merkmale
Ordinal	Größer-Kleiner	Median Perzentil Rangkorrelation	Rohwerte psychol. Tests Ratings
Intervall	Gleichheit von Intervallen und Unterschieden	Mittelwert Varianz Produkt-Moment-Korrelation	Grad Celsius Standard-Testnormen
Verhältnis	Gleichheit von Summen, Vielfachen und Quotienten	geometrisches Mittel Variabilitätskoeffizient	Länge, Gewicht Zeitintervalle evozierte Potentiale

Die Messstruktur der analysierten Objekte lässt mit den jeweiligen empirischen und numerischen Relativ (abstrakte Beschreibungen der Skalenkonstruktion) wie folgt beschreiben.

2.2.1 Nominalskalen

Das *empirische Relativ* nominalskalierter Merkmale (gleich/nicht gleich), wird vom *numerischen Relativ* durch Werte repräsentiert, die dieses identifizieren. Die Wahl der Zahlen ist eigentlich willkürlich, es geht lediglich darum, dass gleiche Objekte gleiche Zahlen erhalten.

In den Sozialwissenschaften sind nominalskalierte Daten häufig in Verbindung mit *dichotomen Variablen* relevant, wie zum Beispiel 1, 2 für zwei Arten/Ausprägungen eines Merkmals oder 0, 1 *(Binärkodierung)* für das Nicht-Eintreten bzw. Eintreten eines Ereignisses oder Verhaltens.

Für die korrekte Auswertung müssen dichotome Variablen in *SCE* immer in *Binärkodierung* eingegeben werden. Nachfolgend wird deshalb in der Regel von einer *binären Variable* ausgegangen.

2.2.2 Ordinalskalen

Für das *empirische Relativ* ordinalskalierter Merkmale gilt eine sog. *„schwache Ordnungsrelation"*, nach welcher für jedes Objektepaar bestimmbar sein muss, welches der beiden Objekte dominiert. Dabei gilt auch die Transitivität: wenn A größer B und B größer C, dann A größer C. Die Werte des numerischen Relativs bilden so eine Rangordnung für alle Merkmalsausprägungen. Die Abstände zwischen den Objekten sind damit nicht gleich groß; es besteht keine Äquidistanz.

2.2.3 Intervallskalen

Intervallskalen beinhalten nicht nur die Information, ob ein Objekt ein anderes dominiert, sondern auch um wie viel es dominiert, z. B. größer ist. Das bedeutet, gleich große Unterschiede von zwei Objektpaaren des empirischen Relativs werden durch gleich große, sog. äquidistante, numerische Differenzen repräsentiert.

2.2.4 Verhältnisskalen

Verhältnisskalen verfügen im Gegensatz zu Intervallskalen zusätzlich über einen absoluten Nullpunkt. Dies erlaubt *Ähnlichkeits-Transformationen*, ohne dass die numerische Aussage ungültig wird. Die Aussage, A sei doppelt so groß wie B, ist hier im Gegensatz zu Intervallskalen, wie z. B. der Celsius-Skala möglich.

Intervall- und Verhältnisskalen können unter dem Begriff der *„Kardinalskalen"* zusammengefasst werden.

2.3 Parametrische und non-parametrische Methoden

Für die Einzelfallanalyse bieten sich bei der inferenzstatistischen Analyse häufig non-parametrische Verfahren an, da diese im Gegensatz zu parametrischen Verfahren weniger Anforderungen an die Daten stellen; sie sind sog. „verteilungsfrei". Allerdings sind sie dadurch weniger sensitiv als die analogen parametrischen Methoden, sofern deren Voraussetzungen erfüllt sind, denn werden parametrische Methoden unter „nichtparametrischen" Bedingungen angewendet, ist das Gegenteil der Fall, insbesondere bei kleineren Stichproben (Bortz et al., 2008, S. 45). Dementsprechend ist jeweils zu prüfen, ob parametrische Tests angewendet werden *dürfen*. Bestehen diesbezüglich Zweifel, ist die Wahl eines non-parametrischen Verfahrens methodisch meist sinnvoller.

Ein zentrales Problem der Einzelfallanalyse – im Gegensatz zur Gruppen- oder Aggregatstatistik – ist die serielle Abhängigkeit der gewonnenen intraindividuellen Daten in Verbindung mit der Autokorrelation. Oft sind Zeitreihen durch die zeitlichen Abhängigkeiten zwischen den einzelnen Messungen davon betroffen.

Da parametrische Methoden (z. B. *t-Test*) gleichverteilte und meist voneinander unabhängige Daten voraussetzen, eignen sie sich für Zeitreihen nicht, es sei denn, die serielle Abhängigkeit wird beispielsweise durch die Elimination der autoregressiven Komponente kontrolliert (z. B. im Rahmen von *ARIMA-Modellierung* der Zeitreihe; Box & Jenkins, 1976, vgl. auch Köhler, 2008).

Diese Problematik beschreiben auch Morell und Fried (2009) in ihrem Artikel zu Trendanalysen mithilfe non-parametrischer Tests in saisonalen Zeitreihen. Dort analysieren sie das Verhalten einiger non-parametrischer Tests im Zusammenhang mit autokorrelierten Daten. Sie rechtfertigen die Verwendung non-parametrischer Methoden einerseits durch die oben erwähnten geringeren Anforderungen an die Daten, andererseits durch ihre höhere Flexibilität bezüglich der Struktur der Testfunktion (Morell & Fried, 2009, S. 1). Mit anderen Worten, sie favorisieren non-parametrische Methoden, da diese flexibler mit Daten umgehen können, von denen man die Verteilung nicht kennt (und es (zu) aufwändig wäre, diese zu ermitteln). Dieser Ansatz ist auch für *SCE* bedeutsam: Da das Tool im Rahmen von Einzelfallanalysen *generell* einsetzbar sein soll, muss es unterschiedliche Datentypen und Verteilungen „behandeln“ können. Des Weiteren würde es für die Entwicklung und Benutzung einen erheblich größeren Aufwand bedeuten, ein Tool zur Verfügung zu stellen, welches parametrische Tests verwendet (z. B. gemäß der *ARIMA-Modellierung*). Dies würde eine deutlich komplexere und anspruchsvollere Modellierung- und Analysearbeit verlangen, die für praktische Anwendungen (gegenwärtig) kaum in Frage kommt – und auch von großen Statistik-Programmen (z. B. SPSS) bisher nicht geleistet wird.

Auch die vorgeschlagenen non-parametrischen Verfahren haben jedoch – trotz ihrer inferenzstatistischen Möglichkeiten – vor allem *explorative* Funktion, und auch schlüssige Ergebnisse sollten deshalb vorsichtig interpretiert werden (vgl. auch Reicherts, M., Genoud, P. & Reicherts, L., 2015).

3 Statistische Verfahren in *Single-Case Expert*

Zu den zentralen Problemstellungen der Auswertungen mit *SCE* gehört die Ermittlung von Trends, insbesondere von Trends in der *zentralen Tendenz* und der *Streuung von Variablen im Zeitverlauf*. Speziell für (quasi-)experimentelle Untersuchungen stehen die Analyse von *Niveau-Unterschieden* und die Ermittlung von *Zusammenhängen* zwischen zwei Variablen im Vordergrund. Auch die Untersuchung *serieller Abhängigkeiten*, insbesondere *zyklischer Schwankungen* kann von Interesse sein.

3.1 Unterstützte Skalenniveaus

In *SCE* werden non-parametrische Methoden insbesondere für binäre und ordinalskalierte Merkmale zur Verfügung gestellt. Diese Ausrichtung rührt daher, dass im sozialwissenschaftlichen Kontext viele Daten auf (persönlichen) Einschätzungen beruhen, die kaum Intervall- oder gar Verhältnisskalen erreichen können (abgesehen von speziellen Methoden der Psychometrie, siehe z. B. Schmid und Reicherts, 2015, S. 131 ff.). Entsprechend sind (echte) Intervall- und Verhältnisskalen in den Sozialwissenschaften eher selten. Die Methoden zur Analyse ordinalskalierter Merkmale können jedoch grundsätzlich auch auf Daten mit höherem Skalenniveau (Intervall-/Verhältnisskala) angewendet werden (siehe dazu Fallbeispiel 5, Abschnitt 5.5).

3.2 Deskriptiv-statistische Methoden

Für die deskriptiv-statistische Analyse werden in der Applikation statistische Maßzahlen sowie grafische Darstellungen zur Verfügung gestellt, die an das Skalenniveau der jeweiligen Daten angepasst sind.

3.2.1 Statistische Maßzahlen

Die dargestellten statistischen Maßzahlen *(Summary Statistics)* sollen die Werteverteilung in ihrer Gesamtheit kompakt repräsentieren (Beispieldaten von zwei Variablen mit je 30 Messungen):

	n	*median*	*mean*	*sd*	*min*	*max*	*range*
x	30.000	5.000	5.200	2.188	1.000	9.000	8.000
y	30.000	4.000	4.567	1.888	1.000	8.000	7.000
D	0.000	-20.000	-12.173	-13.711	0.000	-11.111	-12.500

(1)	Anzahl der Messungen		(4)	Standardabweichung
(2)	Median* (insbes. bei Ordinalskala zu verwenden)		(5)	Minimaler Wert
(3)	arithmetisches Mittel		(6)	Maximaler Wert
	(insbes. bei Intervall-/Verhältnisskala zu verw.)		(7)	Spannweite/Umfang

Werden *zwei* Variablen (wie im obigen Beispiel) oder *zwei* Zeitreihen-Segmente einer Variablen analysiert, gibt die Anwendung jeweils auch die *prozentualen Differenzen (D)* zwischen den Werten aus, womit die Beurteilung der Unterschiede oder auch die Hypothesenbildung erleichtert werden soll.

3.2.2 Grafische Anzeige

Weiter werden die Messwerte der jeweiligen Variablen in einem Graphen ausgegeben, der die entsprechenden Messwerte (Punkte) mit einer Geraden verbindet und eine Trendlinie berechnet. Die Trendlinie wird mit der – einfachen – *Split-Middle Methode* nach White (1974) bestimmt: Die Zeitreihen-Messungen der Variable werden in zwei gleich lange Abschnitte geteilt (bei ungerader Anzahl Messungen *(N)*, wird der mittlere Wert in keinen der Abschnitte aufgenommen). Für diese werden die Mediane berechnet, welche die y-Koordinaten der beiden Punkte der Trendlinie bilden; als x-Koordinate wird die Mitte des jeweiligen Zeitabschnittes verwendet.

Abbildung 3.1: Grafische Darstellung einer Zeitreihe mit zwei ordinalskalierten Variablen

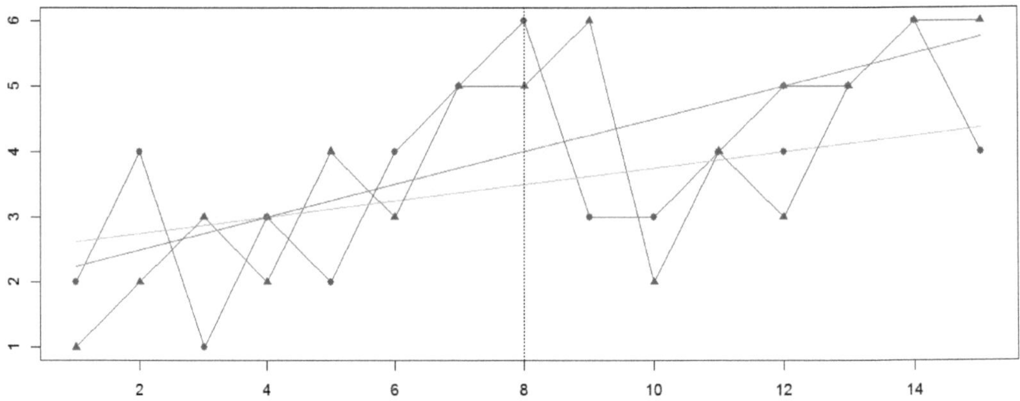

      * Wird eine binäre Zeitreihe in *SCE* eingefügt, entspricht in der obigen Tabelle die 3. Spalte *(Median)* dem *Modus*.

Abbildung 3.2: Grafische Darstellung einer Zeitreihe mit einer binären Variable

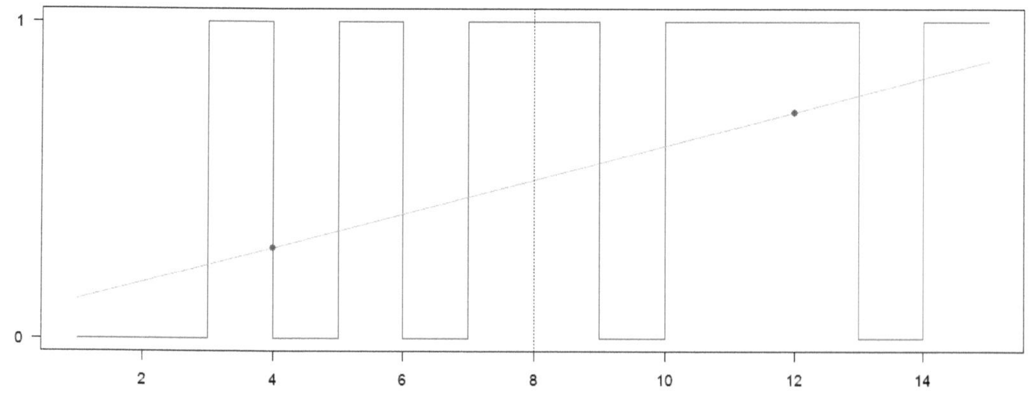

Bei allen in diesem Text dargestellten Graphen entspricht die x-Achse der Zeit (t_i) und die y-Achse den Messungen der Variable(n) x_i (oder y_i). Die Achsenbeschriftungen werden deshalb jeweils weggelassen.

3.3 Inferenzstatistische Methoden

3.3.1 Überblick

Können die Voraussetzungen parametrischer Verfahren erfüllt werden – sind diese aufgrund ihrer höheren Effizienz – gegenüber den non-parametrischen Methoden allgemein zu bevorzugen (siehe Abschnitt 2.3). Da bei Zeitreihen diesbezüglich meist eine gewisse Unsicherheit besteht und Einzelfallanalysen oft mit einem sehr kleinen N auskommen müssen, sind die Voraussetzungen der parametrischen Methoden häufig nicht erfüllt. Es ist dann methodisch meist sinnvoller, die voraussetzungsärmeren non-parametrischen Verfahren zu wählen, wie sie in *SCE* implementiert sind.

Nachfolgend sind die in dieser Version von *SCE* unterstützten, überwiegend verteilungsfreien, Inferenzstatistiken aufgelistet:

(1) Eine ordinale Variable:
  - (a) Trendanalyse: Rangkorrelationskoeffizienten *Rho* & *Tau* (x_i gegen t_i)
  - (b) Trendanalyse: S_2-*Test* (Niveau-Unterschied Vergleich)
  - (c) Analyse serieller Abhängigkeiten: *Dufour-Test*
  - (d) Analyse der Varianzveränderung: *Rekordbrechertest*
  - (e) Trendanalyse: *lineare Regression* (x_i gegen t_i) [parametrisches Verfahren]

(2) Zwei ordinale Variablen:
  - (a) Zusammenhangsanalyse: Rangkorrelationskoeffizienten *Rho* & *Tau* (x_i gegen y_i)
  - (b) Zusammenhangsanalyse: *lineare Regression* (x_i gegen y_i) [parametrisches Verfahren]

(3) Eine binäre Variable:
  - (a) Trendanalyse: *Mann-Whitney U-Test* / *Wilcoxon-Rangsummentest*

(4) Zwei binäre Variablen:
  - (a) Zusammenhangsanalyse: *Phi-Koeffizient*

(5) Eine ordinale und eine binäre Variable:

    (a) Zusammenhangsanalyse: *Mann-Whitney U-Test / Wilcoxon-Rangsummentest*

Im Folgenden soll ein Überblick über diese Methoden gegeben werden, wobei auch – gerade bei den weniger verbreiteten Methoden – kurz auf deren Stärken und Schwächen insbesondere im Kontext der Einzelfallanalyse (z. B. die Anfälligkeit der Zusammenhangsanalyse auf Trends, siehe unten) eingegangen wird. Da es hier nicht um die Erklärung bestehender Verfahren gehen soll (hierfür ist das Referenzkapitel oder Bortz et al. (2008) zu empfehlen), wird nur dort auf die Berechnungsschritte eingegangen, wo dies zur Veranschaulichung und zur Begründung der Implementierung des jeweiligen Tests in *SCE* notwendig ist. Neben ihrer – relativen – Robustheit war das wichtigste Kriterium für die Wahl der Methoden die Einfachheit ihrer *Anwendung* und *Interpretation*.

Bei den meisten in *SCE* implementierten Tests wird zweiseitig getestet. Eine Ausnahme bilden der *U-Test* und der *S_2-Test*: Hier werden beide gerichteten Hypothesen jeweils einseitig getestet (Aufwärts- oder Abwärtstrend, bzw. positiver oder negativer Zusammenhang). Im Allgemeinen wird empfohlen, das Tool nur mit $N > 10$, besser noch $N > 15$ zu verwenden. Bei Zeitreihen die unter diesem Niveau liegen, können bestimmte Inferenzstatistiken nicht zu einem signifikanten Ergebnis kommen. Problematisch sind derart kurze Zeitreihen auch aus anderen methodischen Erwägungen (neben des geringeren Informationsgehalts z. B. aufgrund des Risikos zufälliger Verzerrungen oder Extremwerte).

3.3.2 Inferenzstatistische Methoden für ordinalskalierte Variablen

3.3.2.1 Rangkorrelationskoeffizienten: Spearmans *Rho* & Kendalls *Tau*

Die Rangkorrelationskoeffizienten Spearmans *Rho* (ρ) und Kendalls *Tau* (τ) sind in *SCE* von großer Bedeutung. Zum einen in der häufigsten Verwendung für die *Analyse des Zusammenhangs* zwischen zwei Variablen (siehe Übersicht oben: *2a*), aber auch für die *Trendanalyse* (einer Variablen über die Zeit) *(1a)*.

Die beiden Korrelationskoeffizienten beschreiben die Stärke eines *monotonen Zusammenhangs* zwischen zwei Rangreihen und nehmen Werte zwischen -1 und 1 an. Weichen die Werte signifikant von Null ab, spricht dies für einen negativen bzw. positiven Zusammenhang.

Die beiden Verwendungsformen der Rangkorrelationskoeffizienten beinhalten einen kleinen Unterschied in den Berechnungsschritten. Für die *Korrelationsanalyse* zweier Variablen (vgl. Bortz et al., 2008, S. 414 ff.) wird in der Regel folgendermaßen vorgegangen:

(1) Bildung der Rangreihen für beide Variablen (sofern diese noch nicht ordinalskaliert sind).

(2) Sortierung der Wertepaare *(x_1, y_1; x_2, y_2; …)* nach Größe der Ankerreihe *$R(x_i)$*.

(3) Berechnung mittels der Formeln für *Rho* und *Tau*.

Bei der Trendanalyse *einer* Variablen erübrigt sich der zweite Schritt, da die „Variable" Zeit *(t_i)* mit den Messzeitpunkten bereits die sortierte Ankerreihe *$R(t_i)$* bildet (vgl. Bortz et al., 2008, S. 580 ff.).

Eine Schwäche der beiden Teststatistiken besteht darin, dass sie im Fall von *(2a)* den Zusammenhang zweier Variablen *über-* oder *unterschätzen* können, wenn den Wertverläufen *gleichgerichtete* oder *gegenläufige* Trends zugrunde liegen, wie in den Beispielen in Reicherts und Genoud (2015, S. 199; vgl. auch Köhler, 2008) ersichtlich: Die innere trendbedingte Variation der Variablen hat u. U. einen so erheblichen Einfluss auf die Teststatistik, dass diese zu einer Bestätigung des Zusammenhangs kommen kann, obwohl gar keine „*residuale" Kovarianz* der Variablen vorliegt *(Fehler 1. Art)*. Im Gegenzug kann es bei gegenläufigen Trends zur Unterschätzung des Zusammenhangs kommen *(Fehler 2. Art)*.

In der vorliegenden Version des Programms wurden der Vollständigkeit halber beide Korrelationskoeffizienten implementiert, obwohl sich *Kendalls Tau* für ordinale Skalen oft besser eignet als *Spearmans Rho*, welches in diesem Fall die Zusammenhänge tendenziell überschätzt (Bortz et al., 2008, S. 443 ff.).

3.3.2.2 Cox-Stuart Trendtest / S_2-Test

Der *Cox-Stuart Trendtest* bzw. *S_2-Test* nach der Methode aus Bortz et al. (2008, S. 585 f.) untersucht ebenfalls einen *monotonen Trend* in einer Messreihe *(1b)*, jedoch nach einem anderen Ansatz: Es wird die erste Hälfte der Messreihe mit der zweiten verglichen. Der *S_2-Test* eignet sich dadurch gerade gut für Messreihen mit einer *Prä-* und *Post-* bzw. *Baseline-* und *Interventionsphase* (siehe auch Auswertung von Fallbeispiel 5, Abschnitt 5.5.7).

Eine weitere Form bildet der sog. *S_3-Test* (vgl. Bortz et al., 2008, S. 586), welcher das erste und letzte Drittel einer Zeitreihe vergleicht, was bei Untersuchungsdesigns interessant ist, die neben *Prä-* und *Post-* auch eine mittlere Phase haben (z. B. zur Vorbereitung der Intervention). Im Grunde können beliebige gleich lange Abschnitte mit derselben Testlogik auf einen Trend geprüft werden, sofern *vor* der Durchführung der Analyse deren Länge festgelegt wurde.

Die Nullhypothese bezeichnet das *Nicht-Vorhandensein* eines Trends. Beim Testen *einer* Trendrichtung wird *ein*seitig, andernfalls zweiseitig getestet. In *SCE* kann einseitig auf einen positiven oder negativen Trend getestet werden. Bei der rechnerischen Durchführung wird jeweils der erste Wert der ersten Hälfte mit dem ersten Wert der zweiten Hälfte verglichen, anschließend der zweite Wert der ersten Hälfte mit dem zweiten Wert der zweiten Hälfte, usw. Die Anzahl der dabei festgestellten positiven oder negativen Differenzen wird anhand der Binomialverteilung zufallskritisch bewertet.

Aus diesem Vorgehen wird deutlich, dass der Test die beiden Abschnitte nicht nur als „Ganzes" betrachtet, sondern auch deren Binnensequenz; dies kann gerade dann von Vorteil sein, wenn den beiden Hälften eine *sequentielle Schwankung* (durch eine Drittvariable) zugrunde liegt (z. B., wenn das Erleben einer Person über zwei Wochen betrachtet wird – was eine eher kurze Zeitreihe wäre – vergleicht man zwei *Wochen-Rhythmen*).

Bei der Anwendung des Tests sind folgende Eigenheiten und Einschränkungen zu berücksichtigen:

(1) Der Test prüft grundsätzlich das Vorhandensein eines Trends; da die jeweilige Sequenz aber miteinbezogen wird, kann eine sehr hohe Übereinstimmung der (relativen) Sequenzen eine Falsifikation der Nullhypothese zur Folge haben, obwohl eigentlich kein Trend vorhanden ist.

   Z. B.: x_i: {2, 1, 3, 5, 4, 7, 6, 3, 2, 4, 6, 4, 8, 7} ergibt beim Testen auf einen Aufwärtstrend $p = 0.0156$, woraus wir auf einen signifikanten zunehmenden Trend schließen, obwohl beide Hälften den gleichen Median haben (siehe Abbildung 3.3).

(2) Im Gegenzug ist es möglich, dass die Nullhypothese verworfen wird, obwohl die Sequenzen sogar gegenläufig sind (Cox & Stuart, 1955, S. 16).

   Z. B.: $x_i = \{1, 2, 4, 4, 6, 8, 11, 19, 18, 18, 16, 13, 12, 12\}$ ergibt beim Testen auf einen Aufwärtstrend $p = 0.0078$, woraus wir bei zweiseitigem Test ebenfalls auf einen signifikanten zunehmenden Trend schließen (siehe Abbildung 3.4).

(3) Da der Test auf der Binomialverteilung beruht, spielt die Wahrscheinlichkeitsverteilung bei der Berechnung des *p-Wertes* eine wichtige Rolle. Aufgrund der theoretischen Verteilung kann der *p*-Wert erst ab $N \geq 14$ unter das Niveau von 5% fallen, wodurch sich dieser Test im Grunde nur für Messreihen mit $N \gg 14$ eignet (u.a. deshalb wird in Abschnitt 3.3.1 $N > 15$ empfohlen).

Abbildung 3.3: Fast übereinstimmende Sequenzen der ersten und zweiten Hälfte (Beispiel 1)

Abbildung 3.4: Gegenläufige Sequenzen/Trends der ersten und zweiten Hälfte (Beispiel 2)

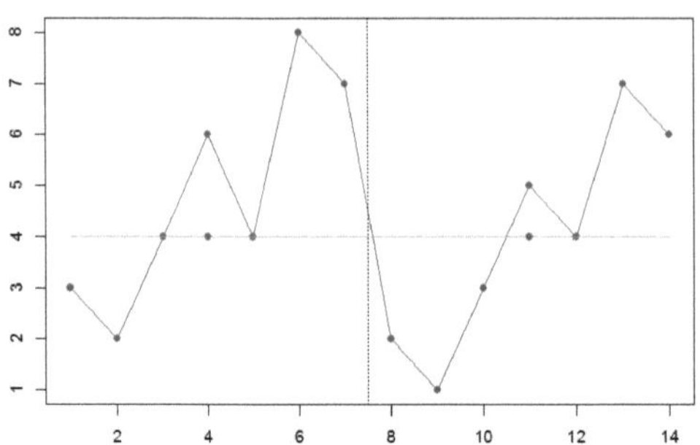

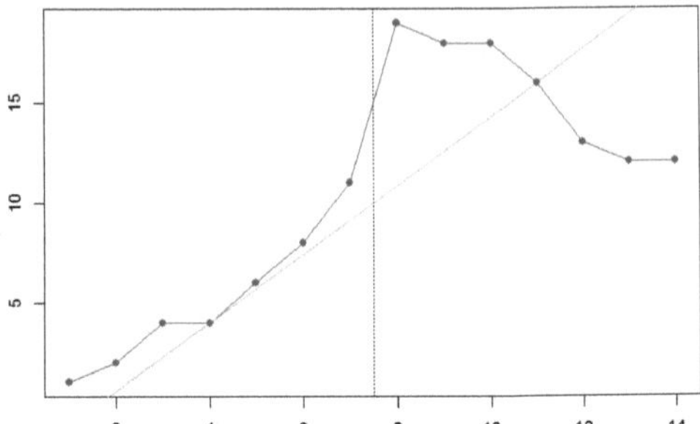

3.3.2.3 Dufour-Test

Ob eine Zeitreihe überzufällige *serielle Abhängigkeiten* enthält, wie zum Beispiel *zyklische oder saisonale Schwankungen*, kann mit dem *Dufour-Test* (Dufour, 1981) geprüft werden *(1c)*. Dieser konnte, wie der nachfolgende *Rekordbrechertest*, im Gegensatz zu den anderen hier verwendeten Verfahren nicht als vorprogrammierte Funktion gefunden werden (siehe hierzu 4. Kapitel, insbesondere Abschnitt 4.1.7). Die Tests wurden ausgehend von der Vorgehensweise nach Morley und Adams (1989) in *SCE* programmiert und implementiert.

Zunächst wird von den einzelnen Werten der Zeitreihe – wenn die Zeitreihe nicht bereits einen *Nullmedian* hat – der *Median* subtrahiert und daraus eine sog. *reduzierte Serie* gebildet. Anschließend wird ein plausibler *Lag-Wert* festgelegt, welcher in *SCE* direkt eingegeben werden kann. Der Wert x_i wird jeweils mit dem Wert x_{i+Lag} der *reduzierten Serie* multipliziert. Den *Beträgen* dieser neuen *Lag-Reihe* werden Ränge zugeordnet. Anschließend werden für die Ränge mit jeweils positiven oder negativen zugrundeliegenden *Lag-Werten* Summen gebildet und mit dem *Mann-Whitney U-Test* (siehe Abschnitt 3.3.3.1) zufallskritisch überprüft.

Zu den Vorteilen des Verfahrens gehört neben der Möglichkeit, mehrere *Lags* gegeneinander zu testen unter anderem auch die Robustheit gegen unterschiedliche Streuung innerhalb der Daten *(sog. Heteroskedastizität)*. Zu den „Nachteilen" gehört die Annahme einer symmetrischen Verteilung (vgl. Dufour, 1981). Bei der Anwendung des Tests an verschiedenen Zeitreihen, deren Verteilungen gezielt in der Symmetrie verändert wurden, variierte der *p-Wert* jedoch meist nur um sehr wenige Prozentpunkte.

Der Test ist wie *Rho* und *Tau* ebenfalls anfällig auf Trends; ist ein solcher vorhanden, werden die Abhängigkeiten zwischen den Werten tendenziell *überschätzt*, was zu einem *Fehler 1. Art* führen kann.

Während mit *Lag* = 1 lediglich die *unmittelbare serielle Abhängigkeit* analysiert werden kann, erlaubt die Prüfung eines *Lag* ≥ 2 das Vorhandensein einer *zyklischen Schwankung* (ein *Zyklus* umfasst mindestens 2 einander folgende Messpunkte).

Die rechnergestützte Durchführung hat gegenüber der manuellen Durchführung neben der generellen Zeiteinsparung zudem den Vorteil, dass der Benutzer mehrere Werte durch Verschieben eines „*Sliders*" (siehe Abbildung 3.5) *in Echtzeit* testen kann. Dieser erlaubt das Prüfen von *Lags* zwischen 1 und 24 (es kommt selten vor, dass *Lags* > 10 analysiert werden, dennoch wurde 24 als Maximum gewählt, sodass bei Bedarf auch z. B. stündlich *circadiane Zyklizitäten* getestet werden können).

Abbildung 3.5: Der „*Slider*" für den *Dufour-Test:*

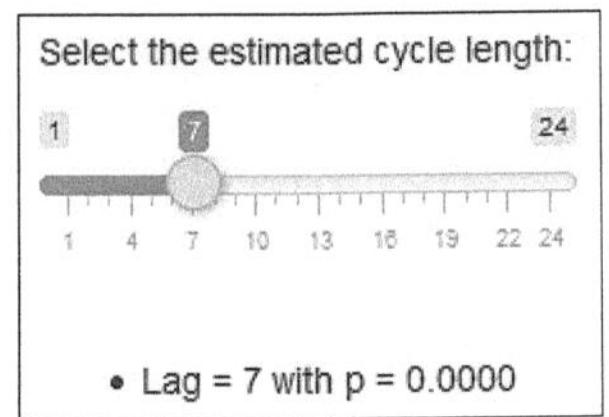

3.3.2.4 Rekordbrechertest

Soll geprüft werden, ob sich die Streuung einer Zeitreihe über die Zeit verändert – ob also ein *Trend in der Varianz* vorliegt – kann der *Rekordbrechertest* von Foster und Stuart (1954) verwendet werden *(1d)*. Auch hier wurde von der Beschreibung von Morley und Adams (1989) ausgegangen.

Eine solche Zeitreihe hat normalerweise die Eigenschaft, dass sich ihre Werte im Zeitverlauf immer weiter – relativ gleichmäßig – über- und unterbieten. Der *Rekordbrechertest* ermittelt dementsprechend, wie oft im Verlauf der Zeitreihe ein neuer *Höhen-* oder *Tiefenrekord* aufgestellt wird und summiert die beiden Werte für deren anschließende Überprüfung (mit *konservativer Kontinuitätskorrektur*) mit der Standardnormalverteilung, da sich die Summe der Rekorde rasch einer Normalverteilung nähert (vgl. Bortz et al., 2008, S. 584).

Im Folgenden soll ein kurzer Überblick über die Stärken und Schwächen des *Rekordbrechertests* gegeben werden, wofür nachfolgende Zeitreihe (siehe Abbildung 3.6) betrachtet wird.

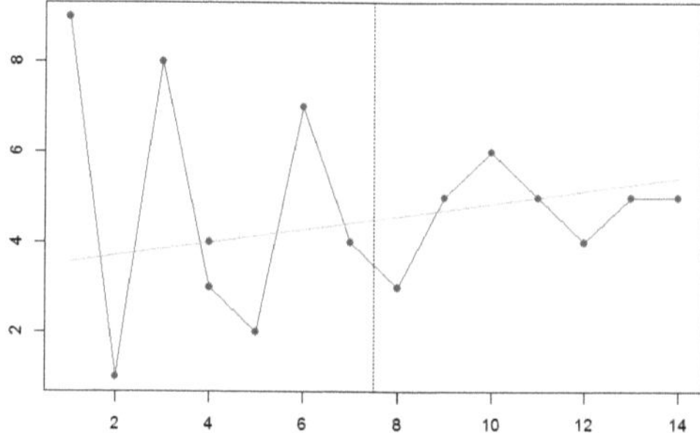

Abbildung 3.6: Zeitreihe mit abnehmendem Trend in der Varianz

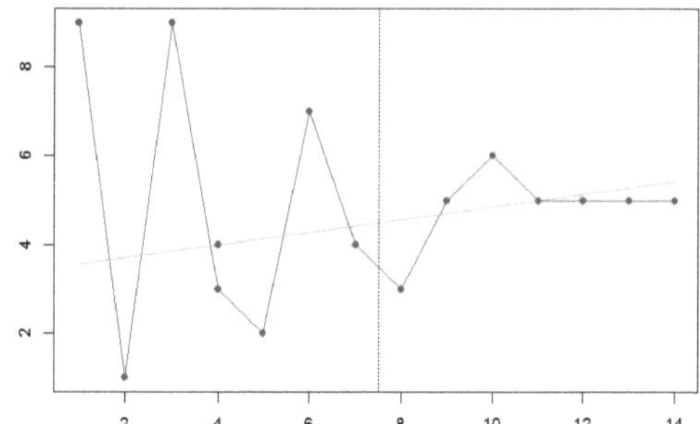

Abbildung 3.7: Zeitreihe mit abnehmendem Trend in der Varianz (t_3 & t_{12} modifiziert)

Betrachtet man Abbildung 3.6, fällt sofort auf, dass in der linken Hälfte die Werte weiter auseinanderliegen als in der rechten, womit sich die Vermutung einer *Veränderung der Varianz* – genauer einer *abnehmenden* Varianz im Zeitverlauf – aufdrängt. Erwartungsgemäß ist die Teststatistik beim „*Rückwärtszählen*" mit einem $p = 0.0216$ signifikant, was die Hypothese eines *abnehmenden* Trends in der Varianz stützt.

Zur Veranschaulichung der eher geringen Robustheit dieses Tests, werden nachfolgend lediglich zwei Werte aus der Zeitreihe um eine Einheit erhöht: t_3 und t_{12} (siehe Abbildung 3.7).

Dadurch wird, wenn man Abbildung 3.7 betrachtet, der Unterschied in der Varianz zwischen dem Anfang und Ende der Reihe im Vergleich zu Abbildung 3.6 *noch deutlicher*. Mit der Erhöhung von t_3 auf 9, liegt t_3 weiter vom *Median* ($= 5$) der Reihe weg, wodurch sich die Dispersion zu Beginn der Zeitreihe *verstärkt*; mit der Erhöhung von t_{12} auf 5 entspricht dieser neue Wert genau dem *Median*, wodurch sich die Dispersion am Ende der Zeitreihe *vermindert*. Durch die noch deutlichere Abnahme der Dispersion im Verlauf der Zeitreihe, müsste die Teststatistik eigentlich *noch „signifikanter"* ausfallen. Es ist jedoch das *Gegenteil* der Fall: die Teststatistik ist mit $p = 0.2507$ nicht mehr signifikant. Der Grund dafür ist, dass sich durch die Anpassung der beiden Werte die Summe der Rekorde um 2 *verringert* (!) und damit die Teststatistik *abgeschwächt* wird.

Neben dieser Problematik – der sich wiederholenden Werte – weist der Test noch weitere nachteilige „*Sensibilitäten*" auf. Beispielsweise kann eine *kleine Skalenbreite* (kleiner Werteumfang) dazu führen, dass sich die Werte häufiger wiederholen und somit weniger Rekorde entstehen. Weil mit jedem weiteren

Wert die Wahrscheinlichkeit eines neuen Rekords abnimmt, verliert der Test bei *zunehmender Länge der Zeitreihe* ebenfalls an Stärke – Morley und Adams (1989) nennen hier einen oberen Grenzwert $N = 15$, in Bortz et al. (2008, S. 584) ist kein fixer Wert zu finden. Aufgrund der nicht durchweg eindeutigen Darstellung wird in *SCE* diese Obergrenze nicht so strikt gehandhabt, zumal auch die *Skalenbreite* darauf einen Einfluss hat (siehe oben).

Zudem kann es bei einem *Auf-* oder *Ab*wärtstrend im Werteverlauf *ohne* Vorhandensein einer Dispersion zu einem *Fehler 1. Art* kommen: Die Zeitreihe *über-* oder *unter*trifft sich selbst kontinuierlich *nur* oder zumindest *überwiegend* in einer Richtung, was trotz der *Einseitigkeit* der Rekorde die Rekordsumme erhöht. Wenn ein Trend in der Zeitreihe (z. B. mittels *Rho/Tau*) nachgewiesen werden konnte, ist der Test daher *nicht* anzuwenden, was einen Nachteil dieses Verfahrens darstellt, denn ein *Dispersionstrend* tritt oftmals unabhängig von einem *Trend in der zentralen Tendenz* auf. Nach der Durchführung des Tests an verschiedenen Zeitreihendaten konnte beobachtet werden, dass der Test in dieser Version von *SCE* mit Zeitreihen mit 10 bis 30 Messungen und einer Skalenbreite > 10 relativ gut funktioniert.

Der *Rekordbrechertest* ist in dieser Grundform, wie aus der Darstellung ersichtlich, nur begrenzt einsetzbar. Es wird deshalb beabsichtigt, in einer künftigen Version von *SCE* eine verbesserte Version zu implementieren. Zunächst soll eine *Trendbereinigung* in die Berechnungsprozedur integriert werden, sodass auch Zeitreihen mit einem *Trend in der zentralen Tendenz* auf Varianzveränderungen geprüft werden können. Des Weiteren wird die Implementierung der *Gewichtungsmethode* nach Morell und Fried (2009) beabsichtigt, welche den „vorderen" Rekorden tiefere Gewichte gibt als den „hinteren", wodurch die Stärke des Tests bei längeren Zeitreihen nicht abnimmt.

Da der Test nicht sehr robust ist, wurde zur erleichterten Beurteilung zudem eine grafische Methode aus Kapitel 6.4 des Referenzwerkes (Genoud, 2015) integriert: In die grafische Darstellung der Zeitreihe werden zwei Geraden integriert. Die *x-Koordinaten* der Punkte, durch welche die Geraden verlaufen, bilden bei der oberen Geraden jeweils die *Maximalwerte* der ersten und zweiten Hälfte der Zeitreihe, bei der unteren die *Minimalwerte*. Die *y-Koordinaten* der Punkte entsprechen jeweils dem mittleren Wert der beiden *y-Achsenabschnitte/Segmente*.

Abbildung 3.8: Beispiel einer Zeitreihe mit abnehmender Varianz im Zeitverlauf, grafisch dargestellt mit der Methode aus dem Referenzwerk, Kapitel 6.4 (Genoud, 2015, S. 149)

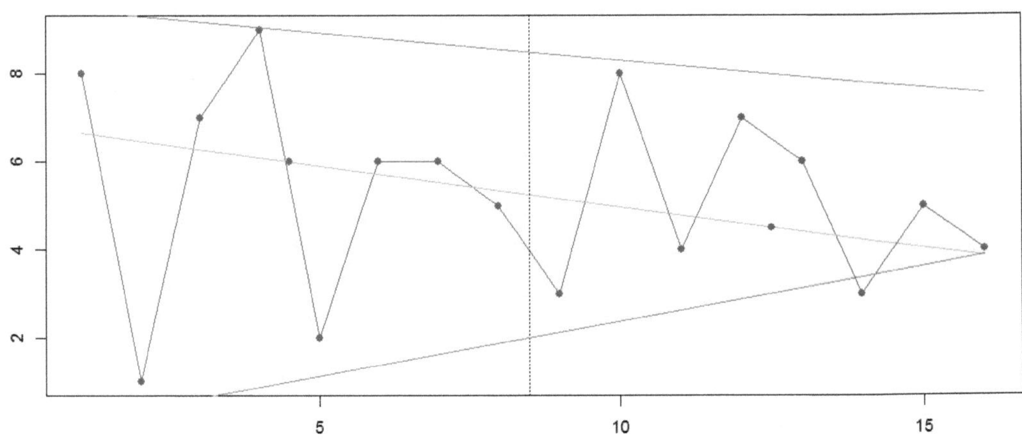

3.3.2.5 Einfache Lineare Regression

Zur Analyse der Stärke von Zusammenhängen zwischen zwei oder mehr Variablen sind *Regressionsanalysen* die Methode der Wahl. In *SCE* wird die *bivariate lineare Regression* einerseits zur *Trendanalyse* einer Variablen über die Zeit *(1e)* und andererseits zur *Zusammenhangsanalyse* zweier Variablen *(2b)* verwendet. Das *einfache lineare Regressionsmodell* ist das einzige parametrische Verfahren in *SCE*.

Das Modell trifft mehrere Annahmen: die Linearität des Zusammenhangs, eine zufällige Stichprobe, die Stichprobenvariation der unabhängigen Variablen, einen bedingten Erwartungswert und eine nicht signifikant abweichende Streuung *(Homoskedastizität)* (vgl. Wooldridge, 2012, S. 45 ff.).

Da bei Zeitreihen, die im Zeitverlauf gemessenen Werte meist voneinander abhängig sind (Autokorrelation), kann die Annahme der Zufälligkeit der Reihe nur selten erfüllt werden. Zur Beurteilung dieser Problematik in *SCE* kann die Durchführung des *Dufour-Tests* (siehe Abschnitt 3.3.2.3) speziell mit *Lag* = 1 sinnvoll sein.

Auch die Annahme der Homoskedastizität, als Voraussetzung effizienter Schätzer und konsistenter Standardfehler der Koeffizienten, wird bei Zeitreihen häufig verletzt. Dies ist jedoch weniger problematisch, da für diesen Fall *heteroskedastie-robuste Standardfehler* verwendet werden können. Dennoch ist es sinnvoll, vor einer *Regressionsanalyse* die Zeitreihe mit den grafischen Hilfsmitteln in *SCE* sowie ggf. dem *Rekordbrechertest* (siehe oben) auf eine konstante Varianz zu prüfen.

Eine weitere Einschränkung dieser Methode ist, dass die Koeffizienten nur interpretiert werden dürfen, wenn die *Skalenstufen* der unabhängigen und abhängigen Variablen äquidistant sind, was jedoch eine Kardinalskala voraussetzt. Somit ist auch bei der Regression einer Variablen gegen die Zeit darauf zu achten, dass die Messungen in gleichen Zeitabständen erfolgt sind. Bei den in diesem Kontext üblichen Ordinalskalen dürfen nur die Vorzeichen der Koeffizienten analysiert werden.

Aufgrund dieser oft nicht erfüllbaren Voraussetzungen der methodisch korrekten Anwendung ist die einfache lineare Regression als ergänzende Funktionalität von *SCE* zu verstehen, die in diesem Kontext nicht der Absicherung von Evidenz, sondern vielmehr der *Exploration* dienen soll und auch entsprechend – nicht zu prominent – in der grafischen Benutzeroberfläche *(GUI)* platziert ist. So kann sich der Benutzer – wenn nötig – eine *Idee* von der Stärke des Zusammenhangs zwischen zwei *intervall- oder verhältnisskalierten* Variablen machen.

3.3.2.6 Weitere Möglichkeiten

Die Implementierung der *Multivariaten Linearen Regression* mit *Dummykodierung* zur Analyse von Zusammenhängen zwischen *zwei* Variablen wurde ebenfalls in Erwägung gezogen. Mit der Methode ließe sich die Problematik der fehlenden Äquidistanz ordinaler Variablen umgehen, indem für jeden Rang eine *Dummyvariable* definiert wird. Dadurch wären die Koeffizienten auch bei der Regression ordinaler Variablen interpretierbar. Gegenüber der Regression *ohne* Dummykodierung hat diese Methode jedoch den Nachteil, dass für die *„eigentliche" abhängige Variable* nicht mehr nur *einer* sondern *mehrere* Koeffizienten (für jeden Rang einer) interpretiert werden müssen, was die Interpretation für Nutzer mit weniger fundiertem statistischem Grundwissen schwieriger macht. Dies war letztendlich der Grund, weshalb nur die *einfache lineare Regression* implementiert wurde, auch wenn sich diese eigentlich nicht für die in diesem Anwendungskontext vorherrschenden ordinalen Daten eignet.

3.3.3 Inferenzstatistische Methoden für binärskalierte Variablen

3.3.3.1 *Mann-Whitney U-Test / Wilcoxon-Rangsummentest*

Der *Mann-Whitney U-Test* (auch *Wilcoxon-Rangsummentest* genannt) – als *non-parametrisches* Äquivalent zum *t-Test* – analysiert, ob *eine* von *zwei* Reihen dazu tendiert, höhere Werte als die andere anzunehmen. In der hier angepassten Form – nach der Methode von Meyer-Bahlburg (1969) – kann der Test auch prüfen, ob sich der gemessene Parameter einer *Merkmalsalternative* im Verlauf der Zeit einem bestimmten *monotonen Trend* folgend verändert *(3a)*: Es werden für beide *Variablenausprägungen (0/1)* die jeweiligen Summen der zugehörigen *Werte* der Zeitachse *(t_i)* gebildet, welche anschließend mit dem *U-Test* geprüft werden (vgl. Bortz et al., 2008, S. 561).

Zudem kommt der *U-Test* im ebenfalls in *SCE* implementierten *Dufour-Test (1c)* zur Anwendung, wo er dafür verwendet wird, anhand der Positionen im Zeitverlauf *(t_i)* der positiven bzw. negativen *Lag-Werte* deren Verteilung über die Zeitachse zufallskritisch zu bewerten (siehe Abschnitt 3.3.2.3).

Weiter wird der Test in angepasster Form zur *Zusammenhangsanalyse* für die Kombination einer ordinalen und einer binären Variablen verwendet *(5a)* (vgl. auch Bortz et al., 2008, S. 200 ff.). Hier werden nicht – wie in der Beschreibung oben – die zugehörigen Werte der Zeitachse, sondern jene der ordinalen Variablen zur Bildung der Summen verwendet. Damit lässt sich anschließend prüfen, ob das Niveau der Werte der Ordinalskala mit der jeweiligen Ausprägung der Binärvariable zusammenhängt.

Der vielseitig einsetzbare *U-Test* wird somit gleich drei Mal in *SCE* verwendet: zur *Trendanalyse (3a)*, zur *Zusammenhangsanalyse (5a)* oder als Teil des *Dufour-Tests (1c)*.

3.3.3.2 Phi-Koeffizient

Der *Phi-Koeffizient* ist das Äquivalent des *Pearson Korrelationskoeffizienten* für dichotome Variablen und somit für die *Analyse eines Zusammenhangs* zwischen zwei Variablen geeignet *(4a)*. Der Hauptunterschied besteht darin, dass bei der zufallskritischen Bewertung des *Phi-Koeffizienten* ein *Chi-Quadrat-Test* mit einer *Kontinuitätskorrektur* nach Yates (Yates, 1934) angewendet und somit vorsichtiger getestet wird. Bei kürzeren Zeitreihen fällt diese zum Teil „zu" vorsichtig aus (vgl. Sheskin, 2003, S. 523) und kann zu erheblich größeren *p-Werten* führen. Da in *SCE* die vorsichtige Bewertung allgemein im Vordergrund steht, ist die relativ starke Anpassung im vorliegenden Anwendungskontext eher von Vorteil und das erhöhte Risiko eines *Fehlers 2. Art* wird in Kauf genommen.

Auch hier besteht wie bei *Rho* und *Tau* die Problematik, dass bei einem Trend in der interessierenden Variablen der Zusammenhang *über-* oder *unterschätzt* werden kann.

3.3.3.3 Weitere Möglichkeiten

Zur Analyse der *Zusammenhangsstärke* zwischen einer binären und einer intervall- oder verhältnisskalierten Variablen oder zwischen zwei binären Variablen wurden auch *Logit-Modelle* in Erwägung gezogen. Auch für eine *Trendanalyse* einer binären Variablen würde sich dieses Verfahren eignen, wobei man diese gegen t_i regrediert (vorausgesetzt die Abstände zwischen den t_i sind äquidistant). Bei ihrer Anwendung auf zwei binäre Variablen, bestünde der Vorteil, dass keine Verteilungsannahmen zur Anwendung notwendig wären. Damit hätte man neben dem *Wilcoxon Rangsummentest* und dem *Phi-Koeffizienten*, die bereits für diese Zusammenhangsanalyse verwendet werden, zudem ein Maß für die Stärke des Zusammenhangs. Aufgrund der Nichtlinearität des Zusammenhangs ist die Interpretation der Koeffizienten jedoch weniger leicht zugänglich als beim *linearen Modell*. Die Methode wurde deshalb aus Gründen der Benutzerfreundlichkeit (noch) nicht integriert.

4 Das Tool *Single-Case Expert*

4.1 Programmierung von *Single-Case Expert*

4.1.1 Ziel der Entwicklung

Mit der Entwicklung dieser Webapplikation soll für die Einzelfallanalyse ein neuer Zugang geschaffen werden – vor allem in der Praxis und der angewandten Forschung. Die Applikation stellt verschiedene deskriptive und inferenzstatistische verteilungsfreie Methoden zusammen und erlaubt den Benutzern, die von ihnen gewonnenen Einzelfalldaten „geführt" auszuwerten. Die Verwendung non-parametrischer Methoden ist zwar nicht in allen Fällen unproblematisch (siehe Abschnitt 2.3), in diesem Kontext aber am besten geeignet, da sie weniger Anforderungen an die Daten stellen und deshalb einfacher in einer Applikation verwendbar sind, die „universell" und einfach einsetzbar sein möchte.

Die aus Einzelfallanalysen generierte Evidenz, die erhobenen Daten, haben auch für die Wissenschaft ein großes Potential. Diese Daten zu sammeln ist jedoch entsprechend aufwändig und erklärt zumindest teilweise das bisher begrenzte Interesse in der Wissenschaft. Unter Verwendung entsprechender informationstechnologischer Hilfsmittel könnten diese Kosten erheblich reduziert werden, gerade mit den Entwicklungen der letzten Jahre, die es vereinfachen, übers Internet – auch komplexe – Applikationen zur Verfügung zu stellen. Längerfristig hat *SCE* neben der erleichterten Auswertung somit auch zum Ziel, einen neuartigen Ansatz von bidirektionalem Wissensaustausch zu ermöglichen: Experten machen den Praktikern die methodischen Werkzeuge mit den nötigen Hilfestellungen zugänglich und die Praktiker stellen im Gegenzug Daten – insbesondere von Einzelfällen, wenn möglich mit zusätzlichen Fallinformationen – zur Verfügung. Diese Funktionalität ist in *SCE* wegen ihres Entwicklungsaufwands noch nicht integriert worden und würde erst bei entsprechender Nachfrage hinzugefügt.

4.1.2 Aktueller Stand der Entwicklung

Die mit diesem Text erschienene *Release Version* (v1.0) von *SCE* mit gut 1400 Zeilen Code (wobei gut ein Drittel davon Textinhalte der *GUI* sind) stellt eine erste Version dar. Sie vereint eine Auswahl von einfach interpretierbaren deskriptiv-statistischen (siehe Abschnitt 3.2) und inferenzstatistischen (siehe Abschnitt 3.3) verteilungsfreien Methoden, die sich speziell für die Auswertung von Zeitreihen aus Einzelfallanalysen eignen. Nach einschlägigen Vortests liegt sie in einer für die Nutzung hinreichend zuverlässigen Version vor.

Version 1.0 baut auf einer im Vorfeld entwickelten Beta-Version der Anwendung auf, in welcher zur Prüfung der technischen Machbarkeit das Grundgerüst der Applikation und der *GUI* erstellt wurde. Diese enthielt erst einige deskriptiv-statistische Methoden, den S_2-*Test*, sowie die Rangkorrelationskoeffizienten *Rho* und *Tau*. Die aktuelle Version bietet grafische *Outputs* (Ausgaben) der Daten, mehrere deskriptiv-statistische Maßzahlen und acht Inferenzstatistiken, von denen sich zwei für jeweils zwei Fragestellungen eignen (siehe Abschnitt 3.3.1). Jede Funktionalität verfügt über einige Erläuterungen und Hilfestellungen. Unter der *Hilfe*-Seite finden sich die allgemeinen Hinweise zur Nutzung von *SCE*.

Die Verfahren eignen sich für verschiedene Designs der Einzelfallanalyse und erlauben die Untersuchung der gewonnenen Zeitreihe auf ihre Zufälligkeit, auf zyklische Variation und auf Trends in der zentralen Tendenz und der Dispersion, sowie auf Zusammenhänge zwischen zwei Zeitreihen. Bei der Auswahl wurde darauf geachtet, dass die Verfahren genügend robust und gleichzeitig einfach zu interpretieren sind. Konnte in dieser Hinsicht nicht der erwünschte Level erreicht werden, wurden die Verfahren entweder nicht integriert oder es wurden Erläuterungen zu den Anwendungsschwierigkeiten oder den problematischen Aspekten eingefügt. In der aktuellen Version ist mit dem *Rekordbrechertest* ein Verfahren integriert, welches hinsichtlich der Robustheit deutlich unter dem Niveau der anderen Methoden liegt. Der Test wurde dennoch integriert, damit die Varianzveränderung zumindest *explorativ* untersucht werden kann

Die jetzige funktionierende Version ist als Ausgangspunkt für Weiterentwicklungen, Modifikationen und ggf. Adaptierungen an spezifische Anwendungsbereiche zu verstehen (siehe Abschnitt 4.1.9 zur weiterführenden Entwicklung).

4.1.3 Kriterien der Software-Entwicklung

Zentral für die Entwicklung war die Frage, ob es möglich sein würde, ein Werkzeug für die Einzelfallanalyse zu schaffen, das die Kriterien der Verfügbarkeit, Bedienbarkeit, der einfachen und angemessenen Interpretierbarkeit und Vernetzung ausreichend erfüllt – vor allem hinsichtlich der Ausrichtung auf die Praxis. Dafür waren folgende Grundsatzfragen zu klären:

- Welche Programmiersprache ist geeignet?

- Wie und mit welchen Mitteln soll die *GUI* realisiert werden?

- Ist es möglich eine reaktive bzw. hinreichend klar strukturierte *GUI* zu bauen?

- Können die Daten übersichtlich in Grafiken und Tabellen dargestellt werden?

- Welche Funktionalitäten, wie beispielsweise die verwendeten Tests, sind schon (in sog. *Packages*) vorhanden?

- Kann die Software auf einfache Weise für die Nutzung zugänglich gemacht werden?

Abgesehen von den ersten beiden Fragen geht es um Optimierungsprobleme: Welche Lösungen sind im Hinblick auf die Entwicklung und die Verwendung am *effizientesten*?

4.1.4 Gründe für die Entwicklung mit *R* und *Shiny*

R ist eine weit verbreitete Programmiersprache im Bereich der Statistik, womit sie sich für die Entwicklung von *SCE* anbot. Ob sie auch die Anforderungen an die *GUI* erfüllen könnte, war zu Beginn unklar – Recherchen führten schließlich zum Ergebnis, dass das relativ neue *R-Package „shiny"* die meisten Kriterien für die *GUI* erfüllen kann. *Shiny* ermöglicht zum Beispiel die Anordnung und Formatierung der Outputs, die Definition sog. *reaktiver (GUI-)*Elemente, die Verarbeitung von Dateneingaben *(Inputs)* in Echtzeit, die gleichzeitige Datenausgabe (wie z. B. die Teststatistiken) in der *GUI* und die Veröffentlichung als Webapplikation.

4.1.5 Prüfen der technischen Möglichkeiten von *R* und *Shiny*

Zunächst wurde recherchiert, welche Tests bereits in *R-Packages* implementiert sind und direkt in das Programm integriert werden können. Es zeigte sich, dass einige der benötigten Verfahren (siehe Abschnitt 4.1.7) – erwartungsgemäß – bereits vorhanden sind und daher nur wenige Tests (z. B. der *Rekordbrechertest*) eigens für *SCE* zu programmieren waren.

Anschließend war zu klären, wie die Zeitreihendaten einfach eingegeben werden können, da in den Standard-Funktionalitäten von *shiny* keine Möglichkeit gefunden wurde, die das Einfügen per „Copy-Paste" ermöglicht. Letztendlich stellte sich der *Ace Editor*, der eigentlich ein Text-Editor für die

Integration auf Webseiten ist (und meist für die Darstellung von Programmcode verwendet wird), aber auch in *shiny* funktioniert, als gute Lösung heraus: Die aus einem Tabellenprogramm eingefügten Daten können ausreichend übersichtlich dargestellt werden und sind vom Programmcode einfach abrufbar.

Wichtig war weiter die Prüfung der Möglichkeiten, die *shiny* für die *GUI* bietet. Essentiell war das einfache Anzeigen und Ausblenden bestimmter Informationen (Testinformationen, Hilfestellungen) durch die Interaktion mit der *GUI*. „*Collapses*" (aus dem Package *shinyBS*), auch „*Accordions*" genannt, erwiesen sich als beste Methode, da der Benutzer so immer sieht, an welcher Stelle zusätzliche Informationen vorhanden sind, diese aber nicht anzeigen muss. Zudem war in Bezug auf die *GUI* zu klären, ob es möglich ist, eine dynamische, von der Dateneingabe abhängige Ausgabe zu definieren, sodass jeweils nur die zu den Daten passenden Verfahren dargestellt werden. Es zeigte sich, dass in den Standardfunktionen vom Package *shiny* mit den sog. „*ConditionalPanels*" bereits eine gute Lösung vorhanden ist.

Mit der Klärung dieser technischen „Machbarkeitsfragen" waren die wichtigsten Voraussetzungen für den Beginn der darauffolgenden *konkreten* Entwicklung von *SCE* erfüllt.

4.1.6 Ablauf der Entwicklung

Die Entwicklung lässt sich grob in die nachfolgende Sequenz von Arbeitsschritten aufteilen, wobei einige Aktivitäten, wie die *globale Definition von mehrfach verwendeten Funktionen* (Punkt 11), im Grunde während des ganzen Entwicklungsprozesses eine Rolle spielten:

(1) Definieren des *GUI*-Grundgerüsts („Datenanalyse", „Hilfe", „Über")

(2) Integration des *Ace Editors*

(3) Definieren einer Methode zum Auslesen und Auf-/Vorbereiten der Daten für die jeweiligen Analysefunktionen und Testverfahren

(4) Implementieren der grafischen Ausgaben (Plots mit Trendlinien)

(5) Integrieren erster Testverfahren zur Funktionsprüfung der Dateneingabe/-vorbereitung

(6) Erste Tests mit verschiedenen Beispieldaten*

(7) Implementieren der Funktion zur Ermittlung der Anzahl eingegebener Variablen und ihrem Skalenniveau

(8) Vorbereiten und Anordnen der *GUI*-Elemente (hauptsächlich *Collapses,* siehe oben) für die noch zu integrierenden Funktionalitäten und Verfahren

(9) Definieren der reaktiven Anzeige auf Basis des Datentyps (*ConditionalPanels,* siehe oben).

(10) Implementieren der restlichen Funktionen und Verfahren

(11) Globale Definition von mehrfach verwendeten Funktionen

(12) Einfügen der Hilfestellungen und Zusatzinformationen

(13) Erstellen der *Hilfe*-Seite zur Nutzung des Programms

(14) Ausführliche Tests mit verschiedenen Beispieldaten*

(15) Veröffentlichung der Version 1.0

* Die Verfahren wurden in *R* mit verschiedenen Beispieldaten – von verschiedenen Usern – getestet, um sicherzustellen, dass das Einlesen und Verarbeiten der Daten sowie das Erstellen der Ausgabe bzw. Berechnen der Ergebnisse korrekt funktionierten.

4.1.7 Verwendete *R-Packages*

Für die Entwicklung wurden verschiedene Funktionen aus diversen *R-Packages* genutzt. Wie weiter oben bereits erwähnt war das Package *shiny* zum Erstellen der *GUI* essentiell. Als Ergänzung dazu wurde *shinyAce* verwendet, welches den *Ace Editor* zur Verfügung stellt (worüber in *SCE* jeweils die Daten eingegeben werden) und *shinyBS*, welches verschiedene Elemente für die *GUI* wie Buttons und Warnungen, sowie die in *SCE* genutzten „*Collapses*" enthält. Weiter werden die *Plot-Funktionen* zur grafischen Darstellung aus *ggplot2* eingesetzt.

Die Tests, die nicht programmiert werden mussten, stammten aus den Packages *stats*, *psych* und *randtests*. Ersteres enthält den *U-Test (wilcox.test)*, *Rho* und *Tau (cor.test)*, sowie den *Chi-Quadrat-Test (chisq.test)*, welcher für die zufallskritische Überprüfung des *Phi-Koeffizienten* benötigt wird. Aus *psych* wurden *describe* zur einfachen Auflistung der statistischen Maßzahlen und *phi* zur Berechnung des *Phi-Koeffizienten* integriert. Aus *randtests* wurde der S_2-*Test* verwendet *(cox.stuart.test)*.

Wie in Abschnitt 3.3.2.3 erwähnt, konnten der *Dufour-Test* und der *Rekordbrechertest* (noch) in keinem offiziellen *R-Package* gefunden werden und wurden deshalb eigens für *SCE* programmiert.

4.1.8 Herausforderungen der Entwicklung

Da im Sinne der *Wiederverwendbarkeit* die meisten wichtigen „Funktionen" (Programmteil mit spezifischer Aufgabe, in der Regel mit einem *Input* und einem *Output) global* definiert wurden, mussten diese so programmiert werden, dass sie mit mehreren – meist mit allen fünf – Dateneingaben (siehe Abschnitt 4.2.1) umgehen können (z. B. die *Plot-Outputs*), was vor allem zu Beginn der Entwicklung eine Schwierigkeit darstellte. Auch wenn die globale Definition der Funktionen zum Teil zu erhöhter Komplexität führt, hat sie einerseits den Vorteil, dass der Code erheblich kürzer wird, und erleichtert andererseits die Modifizierbarkeit, da eine bestimmte Anpassung jeweils nur an einer Stelle vorgenommen werden muss.

Eine weitere Schwierigkeit bestand darin, dass viele neue Funktionen nicht ohne Weiteres direkt in der *shiny*-Applikation getestet werden konnten, da in diesem Fall keine detaillierten Fehler-Informationen ausgegeben werden. Die Funktionen mussten deshalb meist in angepasster Form – ohne die Bezüge zu den anderen Programmteilen und ohne Verknüpfung mit der *GUI* – in einem separaten *R Script* getestet werden, wodurch das Testen und die Fehlersuche im Vergleich zu anderen Programmiersprachen (wie z. B. *Java*) zum Teil relativ aufwändig war.

Da jede Teststatistik ihre eigenen Charakteristiken und Ausgaben (z. B. die jeweiligen Koeffizienten) hat, musste immer darauf geachtet werden, dass die Oberfläche möglichst einheitlich und verständlich bleibt. Z. B. musste der *Dufour-Test*, der das Testen auf unterschiedliche zyklische Abhängigkeiten erlaubt, über eine einfach bedienbare Eingabe-Möglichkeit zum Auswählen der gewünschten *Lags* verfügen. Hierfür stellte sich ein sog. „*Slider-Input*" als sinnvolle Variante heraus, da die Auswahl mit der Maus sehr einfach, und zugleich eine Begrenzung der zulässigen Werte möglich ist (das Prüfen sehr langer *Lags* ist meist nicht sinnvoll, siehe Abschnitt 3.3.2.3). Bei den Ausgaben war allgemein darauf zu achten, dass wirklich nur die Werte ausgegeben werden, die zwingend für die Interpretation benötigt werden, damit die *GUI* übersichtlich bleibt. Beispielsweise werden bei der *Regressionsanalyse* nur die beiden Koeffizienten und deren *p-Werte* angezeigt. Auf das Anzeigen weiterer Informationen zu den Standardfehlern, zur Anpassungsgüte *(R^2)* oder zur *F-Statistik* wurde verzichtet. Bei der Anwendung solcher Modelle sind dies sonst wichtige Informationen, da in *SCE* aber nur das *einfache lineare Modell* zur Verfügung steht, und der Benutzer ohnehin nicht mehrere Modelle anwenden kann, wurden diese nicht in der Ausgabe integriert.

Dieses Abwägen der *Einfachheit* gegen die *methodische Vollständigkeit und Korrektheit* „liegt in der Natur" eines Tools wie *SCE*, das einen *angemessenen methodischen Zugriff* verbunden mit Benutzerfreundlichkeit gewährleisten möchte. Dabei müssen auch immer wieder Kompromisse eingegangen werden.

4.1.9 Weiterführende Entwicklung

In einer künftigen Version von *SCE* ist die Integration einer untergeordneten Seite vorgesehen, die dem Nutzer bei der Versuchsplanung helfen soll („Design-Guide"): Durch Auswählen verschiedener Eigenschaften (beobachtend vs. (quasi-)experimentell, Art und Zahl zu messender Merkmale, Zeitfenster, vorgesehene Replikation etc.) werden Vorschläge für mögliche Versuchsanordnungen gemacht. Dadurch würde der Nutzer nicht nur bei der Auswertung unterstützt, sondern bereits *zuvor*, bei der Wahl eines angemessenen Designs. Damit soll der ganze Prozess der Durchführung einer Einzelfallanalyse unterstützt werden, mit dem Ziel, nicht nur eine angemessene Daten*analyse*, sondern bereits die methodisch korrekte *Erhebung* der Daten zu fördern. Mithilfe des „Design-Guides" lassen sich so beide Teile schon in der Planungsphase aufeinander abstimmen.

Für die Weiterentwicklung ist auch das Feedback der Benutzer – sowohl von Wissenschaftlern als auch Praktikern – ausschlaggebend; gerade Anregungen zur Ergänzung und Anpassung von Hilfestellungen oder Ideen für weitere Testverfahren sind von Interesse.

Auch unabhängig vom Feedback der Benutzer sind bereits diverse Optimierungsideen vorhanden. Zunächst sollte der *Rekordbrechertest* durch die Integration einer Gewichtung der Rekorde und einer Trendbereinigung (siehe Abschnitt 3.2.2.4) verbessert werden. Die Option einer Trendbereinigung der Zeitreihen bei der Durchführung der Zusammenhangsanalyse mit *Rho* und *Tau* (siehe Abschnitt 3.3.2.1) wäre ebenfalls eine interessante Zusatzfunktion, wobei dies auch in *Excel* relativ einfach durchgeführt werden kann (siehe Abbildung 5.5). Des Weiteren sind zusätzliche deskriptive Methoden vorgesehen, z. B. *Histogramme* bei größeren N, damit visuell beurteilt werden kann, ob eine Verteilungsannahme sinnvoll ist.

Als Teil der *Hilfe-Seite* wäre zudem die Integration von Fallbeispielen interessant (siehe 5. Kapitel), damit sich der Benutzer noch leichter ein Bild davon machen kann, *wie* und *wofür* die Verfahren einsetzbar, und wie sie zu interpretieren sind.

Wie eingangs dieses Kapitels erwähnt, wird *SCE* wegen des Entwicklungsaufwands in dieser Version noch nicht über eine Datenbank verfügen, die notwendig wäre, um die generierten Daten entsprechend strukturiert für interessierte Benutzer (z. B. Wissenschaftler) abzuspeichern. Auf längere Sicht besteht jedoch auch diese Möglichkeit der Weiterentwicklung.

Des Weiteren haben nicht alle Benutzer der Applikation das gleiche statistische Grundwissen. Dementsprechend wäre es unter Umständen sinnvoll, zwei verschiedene Benutzungsmodi einzubauen, wovon jeweils beim Programmstart der passende ausgewählt würde. Entsprechend würden im „*Fortgeschrittenen-Modus*" mehr Informationen zu den Tests (z. B. die *Anpassungsgüte* bei der *Regressionsanalyse*) sowie die komplizierteren Verfahren (z. B. das *Logit-Modell*) und gleichzeitig weniger – für den „Experten" nicht notwendige – Hilfestellungen angezeigt als im „*normalen Modus*".

Denkbar sind auch Adaptierungen der Software an spezifische Problemstellungen oder konkrete praktische Anwendungen.

Was sich von diesen Ideen – vor allem von letzteren – in Zukunft realisieren lässt, ist davon abhängig, *ob* und *wie* bzw. *wo SCE* eingesetzt werden kann. Zweifellos sind bereits zu diesem Zeitpunkt die Ideen zu möglichen Anwendungen und Perspektiven der Weiterentwicklung vielseitig.

4.2 Verwendung von *Single-Case Expert*

4.2.1 Kurzbeschreibung der Interaktion mit der Applikation

Die zu analysierenden Daten werden aus einem Tabellenprogramm (z. B. *Excel*) im oberen Panel *(Data Input)* in das Eingabefeld kopiert. Abhängig von der Dateneingabe zeigt das Programm darunter die entsprechenden Analyseverfahren an. Mögliche Dateneingaben sind:

(1) eine ordinale Variable;

(2) zwei ordinale Variablen;

(3) eine binäre Variable;

(4) zwei binäre Variablen;

(5) eine ordinale und eine binäre Variable.

Der Benutzer erhält Hilfestellungen zur korrekten Interpretation der deskriptiven und inferenzstatistischen Methoden, die er auf Wunsch anzeigen oder auch ausblenden kann. Dadurch kann er die Zusammenstellung der Informationen selber kontrollieren (was gerade dann interessant sein kann, wenn die Ausgabe in einer Datei gespeichert oder ausgedruckt werden soll). Die Elemente in der Webapplikation sind zum einen mit einem kleinen statistischen „Nachschlagewerk" verknüpft (unter dem Menüpunkt *„Hilfe"*), zum anderen mit den einschlägigen Stellen des Referenz*kapitels* von Reicherts, M., Genoud, P. & Reicherts, L. (2015).

5 Exemplarische Auswertungen von Fallbeispielen

Ergänzend zu den Ausführungen zur allgemeinen Verwendung von *SCE* im Abschnitt 4.2 soll in diesem Kapitel anhand von fünf Fallbeispielen verdeutlicht werden, wie sich das Tool konkret nutzen lässt. Die Beispiele 1-3 stammen aus der psychosozialen (Interventions-)Praxis und wurden nahezu unverändert aus dem Referenzkapitel zu den non-parametrischen Verfahren übernommen (Reicherts, M., Genoud, P. & Reicherts, L., 2015, S. 164 f. und 178 ff.). Die hier vorgenommenen Anpassungen und Kürzungen betreffen vor allem die Stellen, wo im Buch die *manuellen* Berechnungsschritte veranschaulicht werden, die im Kontext der hier interessierenden *automatisierten* Durchführung mithilfe von *SCE* nicht im Vordergrund stehen. Die Beispiele 4 und 5 kommen aus betriebswirtschaftlichen Anwendungsbereichen; sie sollen veranschaulichen, welche Möglichkeiten *SCE* auch für Unternehmen bietet. Die Darstellung des vierten Beispiels orientiert sich strikt am Output von *SCE*, um die Logik und den Aufbau des Tools – im Zusammenspiel mit der konkreten Anwendung – ausführlicher darzustellen. Dadurch eignet sich dieses Beispiel auch gut für Übungszwecke hinsichtlich der Nutzung von *SCE*. Bei allen anderen Beispielen steht eine möglichst schlüssige Strukturierung des Textes im Vordergrund, und es werden nur die für die aufgestellten Hypothesen relevanten Resultate und Outputs aus *SCE* aufgeführt.

Aus Gründen der Einfachheit werden in allen fünf Beispielen eher kurze Zeitreihen analysiert. Die ersten beiden Beispiele sind im Hinblick auf die methodischen Anforderungen und Implikationen eher einfach, wobei mit Beispiel 3 die Komplexität und die Anzahl der verwendeten Verfahren zunehmen.

Grundsätzlich wird in den Beispielen *annahmebasiert* getestet. Es werden vereinzelt aber auch Tests durchgeführt, die nicht direkt mit einer zuvor entwickelten Annahme zusammenhängen. Das gilt vor allem für die Durchführung von *Trendtests*. Dies ist einerseits sinnvoll, weil möglicherweise *unerwartete* Trends entdeckt werden, die zur Bildung neuer Hypothesen beitragen können. Andererseits, weil einige Zusammenhangsmaße durch Trends in den untersuchten Reihen unter- oder überschätzt werden können (siehe Abschnitt 3.3.2.1), und es zu ihrer Beurteilung sinnvoll ist, die (In)Existenz eines Trends zu kennen, um gegebenenfalls den Zusammenhang vorsichtiger zu interpretieren oder für die Anwendung bestimmter Verfahren eine Trendbereinigung vorzunehmen (siehe Abschnitt 5.3.4.1).

Zur besseren Unterscheidbarkeit sind die Tabellen der *SCE*-Outputs jeweils hellgrau hinterlegt. Aus technischen Gründen wurde in der *GUI* von *SCE* der Laufindex *(i)* weggelassen. In den nachfolgenden Ausführungen wird er jedoch durchgehend verwendet: somit entspricht x jeweils x_i; y jeweils y_i etc.

Außer der *linearen Regression* gegen die Zeit kommen alle in *SCE* implementierten Methoden für eine oder zwei ordinale Variablen in mindestens einem der nachfolgenden Beispielen zur Anwendung. In der untenstehenden Tabelle sind ausgehend von der Übersicht in Abschnitt 3.3.1 die in den Fallbeispielen verwendeten Verfahren aufgelistet:

FB1	FB2	FB3	FB4	FB5	Statistische Verfahren
					(1) Eine ordinale Variable:
		✓	✓	✓	(a) Trendanalyse: Rangkorrelationskoeffizienten *Rho & Tau* (x_i gegen t_i)
		✓		✓	(b) Trendanalyse: S_2-Test (Niveau-Unterschied, Vergleich)
✓				✓	(c) Analyse serieller Abhängigkeiten: *Dufour-Test*
			✓		(d) Analyse der Varianzveränderung: *Rekordbrechertest*
					(e) Trendanalyse: *lineare Regression* (x_i gegen t_i)
					(2) Zwei ordinale Variablen:
			✓	✓	(a) Zusammenhangsanalyse: Rangkorrelationskoef. *Rho & Tau* (x_i gegen y_i)
				✓	(b) Zusammenhangsanalyse: *lineare Regression* (x_i gegen y_i)
					(3) Eine binäre Variable:
	✓	✓			(a) Trendanalyse: *Mann-Whitney U-Test / Wilcoxon-Rangsummentest*
					(4) Zwei binäre Variablen:
	✓				(a) Zusammenhangsanalyse: *Phi-Koeffizient*
					(5) Eine ordinale und eine binäre Variable:
		✓	✓		(a) Z'hangsanalyse: *Mann-Whitney U-Test / Wilcoxon-Rangsummentest*

5.1 Fallbeispiel 1: Stress im Alltag

5.1.1 Fallbeschreibung

Der Redakteur einer von Montag bis Freitag erscheinenden Zeitung gibt im Rahmen eines Stressbewältigungstrainings für seine redaktionelle Arbeitswoche (Sonntagmorgen bis Donnerstagabend) dreimal täglich sein Stressniveau an.

5.1.2 Erhobene Daten

Das *Stresserleben (x_i)* des Zeitungsredakteurs wurde auf einer 10-stufigen Skala erfasst: 1 = stressfrei bis 10 = extrem gestresst. Die fünf Arbeitstage zu je drei Messungen ergeben ein $N = 15$.

i	1	2	3	4	5	6	7	8	9	10	11	12	13	14	15
x_i	4	6	10	3	4	9	1	5	7	2	4	8	4	7	9

5.1.3 Prüfen auf serielle Abhängigkeiten

Die visuelle Analyse der Zeitreihe des *Stresserlebens (x_i)* legt die Vermutung einer circadianen zyklischen Schwankung nahe: Das Stressniveau nimmt morgens jeweils den tiefsten, am Ende des Arbeitstages den höchsten und mittags einen dazwischenliegenden Wert an. Diese Vermutung kann mithilfe eines *Dufour-Tests* (siehe Abschnitt 3.3.2.3) geprüft werden. Der Test auf einen *Lag = 3* ergibt einen signifikanten *p-Wert* von $p = 0.0325$, womit die Vermutung einer zyklischen Schwankung über eine Zykluslänge von *Lag = 3*, was einem Tag entspricht, gestützt wird.

Abbildung 5.1: Grafische Darstellung des *Stresserlebens (x_i)*

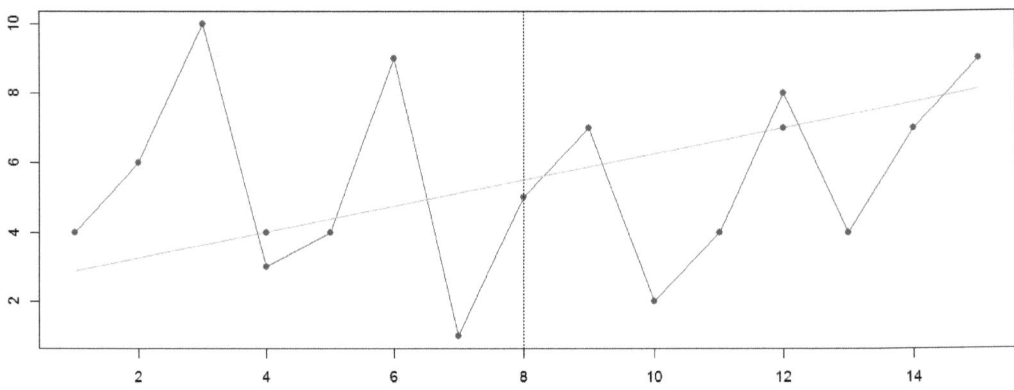

Auch der *Dufour-Test* ist anfällig auf Trends (siehe Abschnitt 3.3.2.3). Die *Split-Middle Trendlinie* deutet zwar auf einen Trend hin, eine genauere Betrachtung der Messpunkte zeigt jedoch, dass die *Dreierzyklen* alle auf einem ähnlichen Niveau liegen; auf eine Trendbereinigung wird deshalb verzichtet.

Ergänzende Bemerkung. Betrachtet man jeweils das arithmetische Mittel der Tage (6.66; 5.33; 4.33; 4.66; 6.66) wird sichtbar, dass das Stressniveau am Anfang der Arbeitswoche am höchsten ist, bis zum dritten Arbeitstag abnimmt, um danach bis zum letzten Arbeitstag wieder zuzunehmen. Möglicherweise würde sich dieses Muster bei einer mehrwöchigen Untersuchung wiederholen und es könnte neben den Zyklen im Verlauf eines Arbeits*tages* zudem auf ein Zyklus in einer Arbeits*woche* getestet werden.

5.2 Fallbeispiel 2: Förderung der sozialen Kontaktaufnahme

5.2.1 Fallbeschreibung

Eine *Intervention* in der Sozialarbeit (Rehabilitationsmaßnahme) soll einen Klienten unterstützen, zunehmend Kontakt mit seiner Umgebung aufzunehmen.

5.2.2 Erhobene Daten

Nach Beginn der Maßnahme, wurde über 15 Tage für jeden Tag erfasst, ob Kontakt „face-to-face" („F2F"-Kontaktaufnahme, x_i) und/oder über Telekommunikationsmittel („Tele"-Kontaktaufnahme, y_i) stattgefunden hat, was in zwei binären Zeitreihen abgebildet wird.

i	1	2	3	4	5	6	7	8	9	10	11	12	13	14	15
x_i	0	0	0	1	0	1	0	1	1	0	1	1	0	1	1
y_i	1	0	0	1	0	1	1	1	1	0	1	1	0	0	1

5.2.3 Prüfen auf einen Trend im Verlauf der Zeitreihen

Um die Wirkung der Intervention zu untersuchen, werden zunächst die *Split-Middle Trendlinien* der beiden Zeitreihen untersucht, um diese anschließend mithilfe einer angepassten Form des *U-Tests* auf einen Trend zu prüfen (siehe Abschnitt 3.3.3.1).

Die *Split-Middle Trendlinie* der *F2F-Kontaktaufnahme* (x_i) legt die Vermutung eines zunehmenden Trends im Verlauf der Zeitreihe nahe (siehe Abbildung 5.2). Die Trendlinie der *Tele-Kontaktaufnahme* (y_i) hingegen weist weder eine positive, noch eine negative Steigung auf – es kann für y_i folglich keine Trendhypothese aufgestellt werden.

Abbildung 5.2: Grafische Darstellung der *F2F-Kontakaufnahme* (x_i)

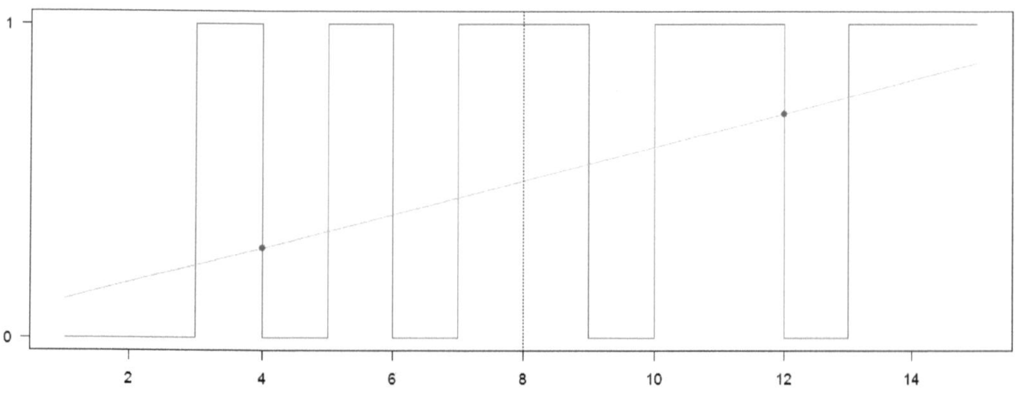

Abbildung 5.3: Grafische Darstellung der *Tele-Kontaktaufnahme* (y_i)

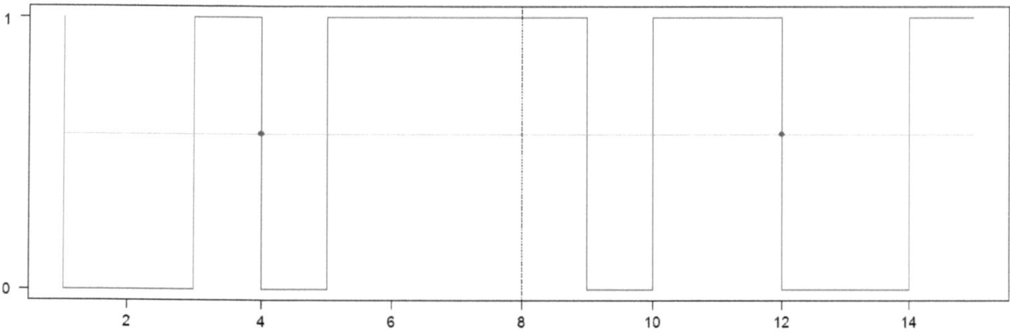

Der *p-Wert* von $p = 0.0469$ für einen zunehmenden Trend von x_i unterstützt die Vermutung aus der visuellen Analyse. Es kann angenommen werden, dass die Intervention eine Zunahme der *F2F-Kommunikation (x_i)* begünstigt hat. Der entsprechende *p-Wert* für y_i von $p = 0.4773$ ist – wie erwartet – nicht signifikant, und es kann hier deshalb nicht von einem Trend ausgegangen werden.

5.2.4 Prüfen auf einen Zusammenhang zwischen den Zeitreihen

Es konnte zwar nur für eine der Zeitreihen die Vermutung auf einen zunehmenden Trend mittels *U-Test* gestützt werden, dies bedeutet jedoch nicht, dass zwischen den parallel laufenden Ereignisreihen kein Zusammenhang bestehen kann (z. B. durch eine eventuelle *„residuale" Kovarianz* der beiden Zeitreihen). Dies kann mithilfe des *Phi-Koeffizienten* (Abschnitt 3.3.3.2) zufallskritisch überprüft werden.

SCE berechnet einen *Phi-Koeffizienten* von $Phi = 0.6000$. Ob ein Koeffizient dieser Höhe signifikant ist, kann mittels eines *Chi-Quadrat-Test* geprüft werden. Die entsprechenden Werte sind $Chi^2 = 0.0725$ *ohne* und $Chi^2 = 0.0201$ *mit* einer Kontinuitätskorrektur nach Yates. Da es sich um eine sehr kurze Zeitreihe handelt, kann hier auch ohne Kontinuitätskorrektur getestet werden (siehe Abschnitt 3.3.3.2), was ein $Chi^2 = 5.4018$ mit $p = 0.0201$ ergibt. Das Ergebnis stärkt die Vermutung einer positiven „Konkomitanz"; die beiden sozialen Kontaktformen entwickeln sich in ähnlicher Weise.

5.3 Fallbeispiel 3: Frau G. – Intervention bei Angstsymptomen

5.3.1 Fallbeschreibung

Frau G., eine Klientin mit Angstzuständen, hat im Rahmen einer kognitiven Verhaltenstherapie zunächst – im Sinne eines systematischen *Beobachtungsdesigns* – tägliche Einschätzungen ihrer *Angstsymptome* sowie der auftretenden *Paarkonflikte* vorgenommen. Ziel der Selbstbeobachtungsphase war es, Intensitäten und Verlaufsaspekte des ängstlichen Erlebens – vor dem Hintergrund einer Diagnose „Generalisierte Angststörung" – während einer Baseline-Phase genauer zu untersuchen. Die Klientin berichtete auch über Konflikte mit ihrem Partner, die ihr ebenfalls zu schaffen machten, die sie aber nicht direkt mit den Angstsymptomen in Verbindung brachte. Es wurde vereinbart, *Paarkonflikte* als zusätzliche Variable einzuführen. Sie diente der Untersuchung des Zusammenhangs weiterer Aspekte des Erlebens und Verhaltens und wurde als eine parallel laufende (ggf. kovariierende) Variable erfasst, die unter Umständen in kontingenter Beziehung zum Angstniveau steht.

Die vierwöchige Beobachtungsphase der Baseline A (28 Messpunkte) beginnt mit einem Montag. Sie beruht auf einer durch die Versuchsperson gesteuerten bivariaten Selbstbeobachtung in Form einer täglichen Zeitstichprobe, die in einem festen Zeitfenster, regelmäßig am Abend vor dem Zubettgehen, als bilanzierende Einschätzung der täglichen Vorkommnisse vorgenommen wurde. Die Klientin bezog dabei Notizen, die sie im Laufe des Tages gemacht hatte, mit ein.

5.3.2 Erhobene Daten

Die Intensität der *Angstsymptome (y_i)* – ein kombinierter Wert aus Beunruhigung, Besorgtheit, ängstlicher Ruminationen und körperlicher Spannung – wurde auf einer 10-stufigen Skala protokolliert, von 1 [völlig symptomfrei/unbesorgt] bis 10 [häufig und unerträglich besorgt/ängstlich ruminierend; „am Rand des Ausflippens", wie die Klientin den Maximalzustand nannte]. *Paarkonflikte (x_i)* wurden als 1 [spürbar vorhanden] bzw. 0 [nicht vorhanden/kaum spürbar / unbedeutend] eingeschätzt.

Abbildung 5.4 zeigt die täglichen Messwerte (Intensität der Angstsymptome [1-10] und Tage mit bzw. ohne Paarkonflikten [1/0] sowie die Stufendarstellung der Intervention.

Abbildung 5.4: Grafische Darstellung der *Angstsymptome (y$_i$)* und *Paarkonflikt-Ereignisse (x$_i$)*

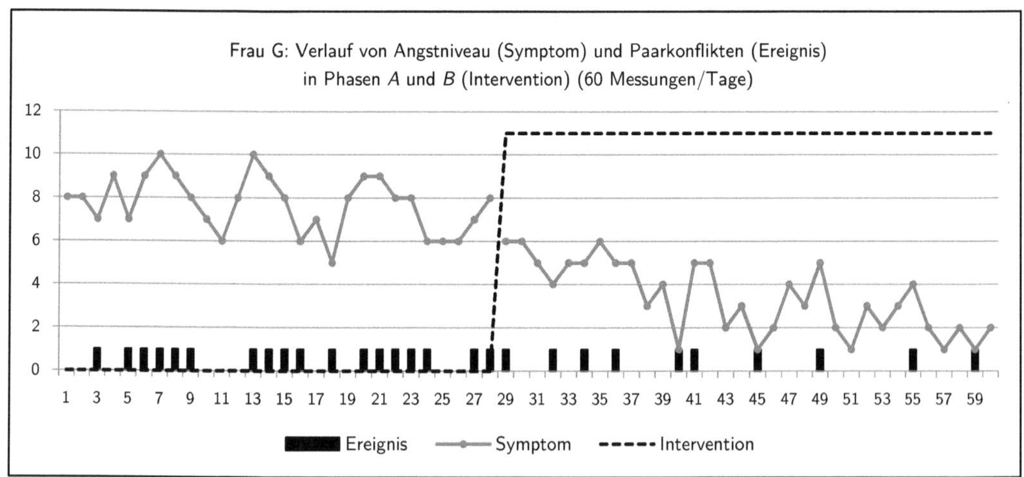

5.3.2.1 Bemerkungen zur Baseline-Phase

Zweimal gab Frau G. das absolute Maximum ihrer individuellen Angstskala an und sechsmal den sehr hohen Wert von 9; der tiefste gemessene Wert von 5 wurde nur einmal erreicht. Die Angstwerte schienen am Wochenende etwas höher. Unter der Woche war die Klientin berufstätig. Achtzehnmal, an mehr als der Hälfte der Tage (18 / 28 = 0.643 relative Häufigkeit), berichtete die Klientin spürbare Konflikte mit dem Partner; auch die Konflikte schienen an den Wochenenden häufiger (vermutlich, weil mehr gemeinsame Präsenz gegeben war).

5.3.2.2 Bemerkungen zur Interventionsphase

Fünfmal gab Frau G. das absolute Minimum an und siebenmal den sehr tiefen Wert von 2; der höchste gemessene Wert von 6 wurde nur drei Mal erreicht. Die Angstwerte schienen am Wochenende nach wie vor – relativ zur jeweiligen Woche – etwas höher zu sein, und auch die Paarkonflikte schienen weiterhin eher aufs Wochenende zu fallen (von den 9 Paarkonflikten traten drei an einem Samstag und einer an einem Sonntag auf). Mit 9 Paarkonflikten ist auch die relative Häufigkeit (9 / 32 = 0.281) deutlich unter dem Niveau der Baseline-Phase.

5.3.3 Analyse der *Angstsymptome (y$_i$)*

5.3.3.1 Statistische Maßzahlen von y_i über die gesamte Zeitreihe

	n	*median*	*mean*	*sd*	*min*	*max*	*range*
y	60.000	5.500	5.400	2.644	1.000	10.000	9.000

Die Maßzahlen für die gesamte Zeitreihe ($i = 1, …, 60$) stehen aufgrund des Interventionsdesigns bei der Datenanalyse nicht im Vordergrund, der Vollständigkeit halber seien sie hier dennoch aufgeführt. Das arithmetische Mittel der *Angstsymptome (y$_i$)* von $mean = 5.400$ ist nahe dem mittleren Wert der verwendeten Skala (5.500). Weiter ist erkennbar, dass die Angstzustände mindestens einmal sowohl den Maximalwert $max = 10.000$ als auch den Minimalwert $min = 1.000$ angenommen haben. Für eine erste Beurteilung der Wirkung der Intervention, ist der nachfolgende Vergleich der Maßzahlen für die Phasen A und B von Interesse.

5.3.3.2 Statistische Maßzahlen von y_i in der Baseline-Phase

	n	$median$	$mean$	sd	min	max	$range$
y	28.000	8.000	7.714	1.301	5.000	10.000	5.000

Die Zeitreihe der Baseline-Phase ($i = 1$, ..., 28) zeigt eine hohe Ausprägung der *Angstsymptome (y_i)*: Der Median beträgt *median* = 8.000, das arithmetisches Mittel *mean* = 7.714; die Standardabweichung *sd* = 1.301. Der Minimalwert *min* = 5.000 sowie die Verteilungsbreite *range* = 5.000 zeigen, dass sich die gemessenen Werte in der *oberen* Hälfte der Skala bewegten.

5.3.3.3 Statistische Maßzahlen von y_i in der Interventionsphase

	n	$median$	$mean$	sd	min	max	$range$
y	32.000	3.000	3.375	1.661	1.000	6.000	5.000

Die Zeitreihe der Interventionsphase (i = 29, ..., 60) zeigt eine deutlich tiefere Ausprägung der *Angstsymptome (y_i)*: Der Median beträgt *median* = 3.000, das arithmetisches Mittel *mean* = 3.375; die Standardabweichung *sd* = 1.661. Der Minimalwert *min* = 1.000 sowie die Verteilungsbreite *range* = 5.000 zeigen, dass sich die gemessenen Werte hauptsächlich in der *unteren* Hälfte der Skala bewegten. Ob dieser Niveau-Unterschied statistisch signifikant ist, soll nachfolgend getestet werden.

5.3.3.4 Trendanalyse: S_2-*Test* / Rangkorrelationskoeffizienten *Rho* & *Tau* (y_i gegen t_i)

Die Veränderung der *Angstzustände (y_i)* von Frau G. im Zuge der Intervention kann durch einen nonparametrischen Trendtest geprüft werden: (1) durch einen Vergleich der Phasen A und B mit dem S_2-Test (siehe Abschnitt 3.3.2.2). (2) Gegebenenfalls kann auch eine *Rangkorrelation* der Zeitreihe der täglichen Angstsymptome mit der ordinalen Zeitachse (die Untersuchungstage und deren aufsteigende Folge) korreliert werden (siehe Abschnitt 3.3.2.1).

Trendanalyse mit S_2-Test

Um gleich lange Hälften zu bekommen, werden hier die 28 Tage der Beobachtungphase A mit den ersten 28 Tagen der Interventionsphase B verglichen: Nach Umwandlung der Testwerte in Rangwerte werden für die Wertepaare 1-29, 2-30, ..., 28-56 die jeweiligen Differenzen berechnet. Von den 28 möglichen Vergleichen sind alle 28 positiv. Das Auftreten eines solchen Ergebnisses ist unter der Hypothese $\pi = 0.50$ im *Binomialtest* extrem unwahrscheinlich. Die Nullhypothese, dass dieses Ergebnis zufällig zustande kommt, ist hiermit klar zurückzuweisen ($p < 0.001$). Die beobachtete Veränderung zwischen Baseline und Intervention ist folglich hoch signifikant.

Trendanalyse mit Rangkorrelationskoeffizienten

Zur Illustration der zweiten Berechnungsmöglichkeit eines Trends soll die Rangreihe der Messpunkte mit der Rangreihe der Messwerte korreliert werden (siehe Abschnitt 3.3.2.1); so lässt sich ein Rangkorrelationskoeffizient berechnen, der die Kovariation der Messwerte mit den Zeitpunkten der Messung über die Zeit zum Ausdruck bringt. Im vorliegenden Beispiel beträgt *Tau* = −0.684 und weist auf einen substanziellen negativen Zusammenhang hin (mit fortschreitenden Messpunkten nehmen die Messwerte der Angst ab). Nimmt man Unabhängigkeit der Messungen an, und sind die Werte zufällig verteilt, ist ein Zusammenhang in der hier beobachteten Stärke theoretisch sehr selten bzw. hoch signifikant ($p < 0.001$), womit man auch hier die Nullhypothese ablehnen und damit die Alternativhypothese einer Veränderung über die Zeit annehmen kann.

5.3.4 Analyse der *Angstsymptome (y$_i$)* **und** der *Paarkonflikte (x$_i$)*

5.3.4.1 Zusammenhangsanalyse: Rangkorrelationskoeffizienten *Rho* & *Tau* (x_i gegen y_i)

Ein eventueller Zusammenhang zwischen den *Angstsymptomen (y$_i$)* der Klientin und den *Paarkonflikten (x$_i$)* – im Sinne einer „Interventionsanalyse" (der Begriff stammt aus der Zeitreihenanalyse; siehe im Referenzwerk von Reicherts & Genoud, 2015, S. 198 ff.) – kann mit einer *Kreuzkorrelationsanalyse* untersucht werden. Diese ist ab Version 1.0.1 von *SCE* auch für die Zusammenhangsanalyse zwischen einer binären und einer ordinalen Variable möglich.

Methoden der Trendbereinigung

Zur Vorbereitung ist zunächst – für Phasen *A* und *B* getrennt – zu klären, ob die Zeitreihen eventuell Trends enthalten, die die Kreuzkorrelationen *über-* oder *unterschätzen*. Legt das Verlaufsmuster z. B. unter Betrachtung der *Split-Middle Trendlinie* (siehe Abschnitt 3.2.2) einen Trend nahe, gibt es zwei Möglichkeiten, die Daten um den Trend zu bereinigen: (a) mit dem „Differenzieren", wo statt der Originalwerte die Differenzen zwischen dem jeweiligen Wert und dem nächstfolgenden Wert gebildet und den weiteren Berechnungen zugrunde gelegt werden; die so gewonnene Zeitreihe enthält nur noch die relativen Veränderungen über die Zeit, nicht mehr das Niveau der Werte; (b) mit der Ermittlung der Trendgeraden, die man über die Mediane mit der *Split-Middle Methode* oder über eine Regressionsgerade schätzt (siehe hierzu auch Genoud, 2015, S. 147 f.). Die Rohwerte werden um den jeweiligen Schätzwert bereinigt (subtrahiert) und den weiteren Analysen zugrunde gelegt.

Die Funktion der Trendbereinigung wurde nicht in *SCE* implementiert, da sie in den gängigsten Tabellenprogrammen relativ einfach realisierbar ist. Abbildung 5.5 zeigt die Durchführung von Methode (a) in *Excel*: Man definiert eine Subtraktionsfunktion, die auf die Werte der zu „bereinigenden" Zeitreihe zugreift. Anschließend erweitert man die Funktion auf alle nachfolgenden Felder (für $i = 2$, ..., N).

Abbildung 5.5: Trendbereinigung mithilfe von Excel

	A	B	C	D
1	i	xi	yi	yi (trendber.)
2	1	0	8	
3	2	0	8	=C3-C2
4	3	1	7	
5	4	0	9	

Abbildung 5.6: Grafische Darstellung der *Angstsymptome (y$_i$)* in der Baseline-Phase

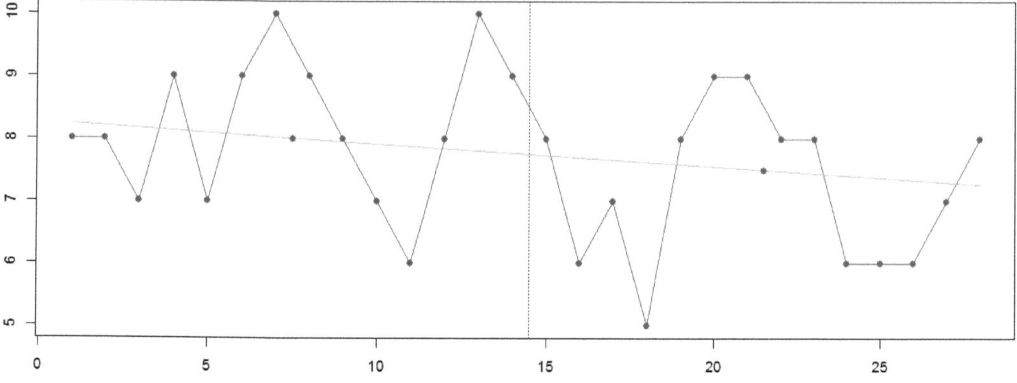

Abbildung 5.7: Grafische Darstellung der *Angstsymptome (y$_i$)* in der Interventionsphase

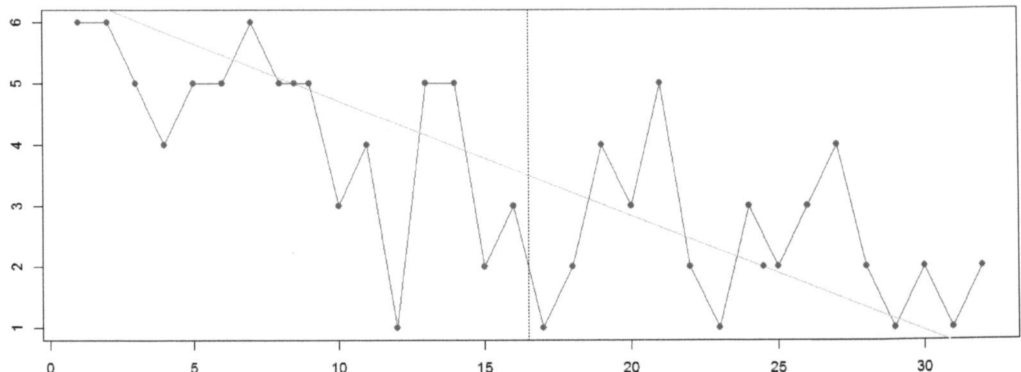

Zusammenhangsanalyse in der Baseline-Phase

Unter Betrachtung der *Split-Middle Trendlinie* von y_i in der Phase A (siehe Abbildung 5.6) ist ein leicht negativer Trend festzustellen; eine Trendbereinigung wird aufgrund seiner geringen Ausprägung jedoch nicht durchgeführt. In Phase B hingegen (siehe Abbildung 5.7), mit der einsetzenden Intervention, ist ein negativer Trend deutlich erkennbar. Die Angst-Zeitreihe B wird deshalb für die Zusammenhangsanalyse differenziert, wie oben unter (a) beschrieben. In den *Ereignis-Zeitreihen A* und B (Konflikte) ist kein ausgeprägter Trend erkennbar.

Die *Analyse der Kreuzkorrelationen* (siehe auch Schöbi & Reicherts, 2015, S. 193 f. & S. 198 ff.) der *Angstzustände (y$_i$)* und *Paarkonflikte (x$_i$)* während der Baseline-Phase zeigt zunächst einen schwachen simultanen Zusammenhang (Konkomitanz) von $Tau_0 = 0.234$: Angstsymptome und Paarkonflikte korrelieren nur wenig. Wenn man die beiden Zeitreihen gegeneinander zeitversetzt, kann man erkunden, ob auf Tage mit Paarkonflikten Tage mit höheren Angstwerten folgen (oder möglicherweise umgekehrt). Nach diesem sog. „Laggen" – hier dem Verschieben der *Symptom-Zeitreihe* schrittweise nach vorne bzw. nach hinten – werden die jeweiligen Kreuzkorrelationen erneut berechnet. Für die Analyse in *SCE* verschiebt man im Tabellenprogramm jeweils die Zeitreihen entsprechend des zu testenden Lags gegeneinander und fügt *anschließend* die „gelagten" Reihen in das Dateneingabefeld von *SCE* ein. Dabei auftretende Unterschiede in den Rangkorrelationskoeffizienten können einen Hinweis auf einen „Einfluss" bzw. eine „Vorhersage" von einer Variablen auf die andere geben. Während bei Frau G. die *gleichzeitige* Kreuzkorrelation gering war ($Tau_0 = 0.234$), erwies sich die um einen Tag *verschobene (Lag+1)* Zeitreihe als deutlich stärker korreliert ($Tau_{+1} = 0.557$); wurde sie einen Tag zurück verschoben *(Lag−1)*, war sie wieder gering ($Tau_{-1} = 0.178$). Dieses Korrelationsmuster legt die Hypothese nahe, dass Paarkonflikte am Vortag stärkere Angstsymptome am Folgetag begünstigten; ohne Paarkonflikte am Vortag waren die Angstsymptome von Frau G. schwächer. Wie der Korrelationskoeffizient bei *Lag−1* zeigt, galt das Umgekehrte nicht: Tage mit vermehrter Angst gingen Paarkonflikten am Folgetag nicht voraus, was ggf. eine Reaktion des Partners auf erhöhten Leidensdruck von Frau G., oder bei ihr eine vermehrte Gereiztheit und Sensibilität auf Paarebene hätte beinhalten können.

Die Ergebnisse der diagnostischen Beobachtungsphase wurden mit der Klientin ausführlich diskutiert. Da eine Weiterarbeit vereinbart wurde, konnten sie als *Baseline-Daten* interpretiert werden und als Grundlage der Ausgestaltung der Intervention dienen *(A-B-Design)*. Die Intervention verwendete eine Exposition *in sensu* (imaginierte Konfrontation mit ausgewählten Befürchtungen), verbunden mit einer Analyse und Umstrukturierung angstfördernder Kognitionen. Mit dem Einsetzen der Interventionselemente verringerten sich die Angstzustände rasch und deutlich.

Zusammenhangsanalyse in der Interventionsphase

Die Paarproblematik wurde zwar diskutiert, aber spezifische Interventionen waren dafür nicht vorgesehen. Und doch traten *Paarkonflikte (x_i)* in der Interventionsphase B seltener auf: nur an 10 von 32 Tagen ($10\,/\,32 = 0.312$). Auch der Zusammenhang zwischen Konfliktereignissen und Angstsymptomen verringerte sich: Nachdem der – abnehmende – Trend in den Daten durch Differenzieren der Angst- und Konfliktzeitreihe bereinigt wurde, schwächte sich insbesondere die zeitverschobene Korrelation bei *Lag+1* ganz deutlich ab: $Tau_{+1} = 0.186$ gegenüber 0.557 während der *Baseline*. Die weiteren Kreuzkorrelationen betrugen: zeitgleich bei *Lag0* $Tau_0 = -0.093$, bei *Lag+2* $Tau_{+2} = -0.096$ und $Tau_{-1} = 0.137$ bei *Lag−1*. Dieses Ergebnismuster deutet darauf hin, dass der während der *Baseline* nahegelegte „Einfluss" der Paarkonflikte auf das Angstniveau deutlich zurückgegangen ist.

5.3.5 Analyse der *Paarkonflikte (x_i)*

5.3.5.1 Statistische Maßzahlen von x_i über die ganze Zeitreihe

	n	*median*	*mean*	*sd*	*min*	*max*	*range*
x	60.000	0.000	0.467	0.503	0.000	1.000	1.000

5.3.5.2 Statistische Maßzahlen von x_i in der Baseline-Phase

	n	*median*	*mean*	*sd*	*min*	*max*	*range*
x	28.000	1.000	0.643	0.488	0.000	1.000	1.000

5.3.5.3 Statistische Maßzahlen von x_i in der Interventionsphase

	n	*median*	*mean*	*sd*	*min*	*max*	*range*
x	32.000	0.000	0.312	0.471	0.000	1.000	1.000

Bei Frau G. ist in der Baseline-Phase A das *Auftreten* von *Paarkonflikten (x_i)* – erfasst mit einer Nominalskala – mit 18 Beobachtungen das häufigere Ereignis; der Modus (im Output von *SCE* dargestellt als *„median"*) der Ereignisreihe beträgt somit „1". In der Interventionsphase B ist der Modus $= 0$, denn mit 20 Beobachtungen ist hier das *Nicht-Auftreten*, besser: das Ausbleiben von Paarkonflikten, der häufigere Fall.

Stellt man diese Werte als relative Häufigkeit dar (vgl. Abschnitt 5.3.2), beträgt diese für die gesamte Zeitreihe $28\,/\,60 = 0.467$, für die Baseline $18\,/\,28 = 0.643$ und für die Interventionsphase $10\,/\,32 = 0.313$. Mit anderen Worten: Während der Baseline traten an gut 64% der Tage Konflikte auf, in der Interventionsphase an gut 31% der Tage. Damit deutet sich auch eine Verringerung der Paarkonflikte an.

5.3.5.4 Trendanalyse: *U-Test / Wilcoxon-Rangsummentest* (x_i gegen t_i)

Ob diese Veränderung im Verlauf der Zeitreihe – zwischen den Phasen A und B – auch statistisch bedeutsam ist, kann mit einem *U-Test / Wilcoxon-Rangsummentest* geprüft werden (siehe Abschnitt 3.3.3.1). Unter Betrachtung der *Split-Middle Trendlinie* im Output (siehe Abbildung 5.8) kann vermutet werden, dass es sich um einen abnehmenden Trend handelt. Diese Vermutung wird mit einem *p-Wert* von $p = 0.0106$ (einseitig, für einen abnehmenden Trend) gestützt. Folglich nehmen auch die Paarkonflikte im Verlauf der Zeitreihe statistisch signifikant ab.

Abbildung 5.8: Grafische Darstellung der *Paarkonflikte (x$_i$)* über die ganze Zeitreihe

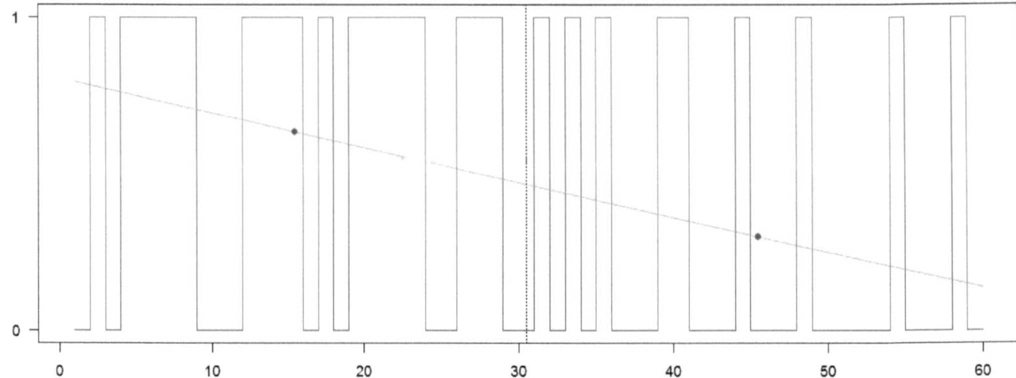

5.3.6 Zusammenfassung

Es lässt sich bei Frau G. nicht nur eine deutliche symptomatische Verbesserung der Angstproblematik, sondern auch ein Rückgang der Paarkonflikte verzeichnen. Außerdem zeichnet sich eine „Entkoppelung" von Paarkonflikten und Angstzuständen ab, da in der Interventionsphase der Zusammenhang zwischen Tagen mit Paarkonflikten und der Stärke der Angstsymptomatik am Folgetag *(Lag+1)* stark zurückgeht. Dies kann als ein zusätzliches Erfolgskriterium der psychologischen Behandlung gesehen werden, auch wenn dieser Zusammenhang nicht direkt Gegenstand der Intervention war.

5.4 Fallbeispiel 4: Beleuchtungskonzept für verbessertes Wohlbefinden

Die Analyse dieses und des nachfolgenden Fallbeispiels soll veranschaulichen, wie *SCE* auch in Unternehmen eingesetzt werden kann. Speziell an diesem Fallbeispiel ist, dass es sich in seinem Aufbau ganz an den Outputs von *SCE* ausrichtet.

5.4.1 Fallbeschreibung

In einer Interventions-Vorstudie hat *„NanoSoft"* einen positiven Zusammenhang zwischen dem subjektiv eingeschätzten Wohlbefinden der Mitarbeiter und einer neuartigen Beleuchtung der Räumlichkeiten feststellen können. Hierfür wurden zwei Wochen *vor* und zwei Wochen *nach* der Installation des neuen Beleuchtungssystems täglich 40 davon betroffene Mitarbeiter über ihr *Wohlbefinden* auf einer Skala von 1 *(gering)* bis 4 *(hoch)* befragt. Die Werte wurden anschließend über die Personen aggregiert.

Nun soll in einer weiteren 4-wöchigen Studie geklärt werden, welche von zwei *Lichtvarianten* (z. B. unterschiedliche Lichttemperatur/Wellenlänge), die zufällig im Tagesrhythmus variiert werden, einen günstigeren Einfluss auf das Wohlbefinden hat. Dazu werden dieselben Mitarbeiter wie in der Vorstudie über ihr Wohlbefinden befragt. Zudem wird die *subjektive Produktivität* als eine zweite Variable mit der gleichen Skalierung erfasst, da man bei ihr ebenfalls einen Zusammenhang mit der Beleuchtung vermuten kann. Die beiden Lichtvarianten können nur schwer bewusst voneinander unterschieden werden. Durch die gezielte (zufällige) Veränderung der *Lichtvariante* handelt es sich um ein *quasi-experimentelles Design*, das den Zusammenhang dieser unabhängigen Variablen mit den abhängigen Variablen *Wohlbefinden* und *subjektiver Produktivität* möglichst kausal interpretieren möchte. Die nachfolgende Analyse richtet sich an den Outputs von *SCE* aus.

5.4.2 Erhobene Daten

Das *Wohlbefinden (x_i)* und *subjektive Produktivität (y_i)* wurden über 4 Wochen zu je 5 Arbeitstagen gemessen und die Werte der 40 Mitarbeiter tageweise aggregiert. Die Zuordnung der ersten ($u_i = 0$) oder zweiten *Lichtvariante* ($u_i = 1$) auf die 20 Tage erfolgte zufällig.

	Woche 1			Woche 2			Woche 3			Woche 4		
Tag	*Licht (u_i)*	*Bef. (x_i)*	*Prod. (y_i)*	*Licht (u_i)*	*Bef. (x_i)*	*Prod. (y_i)*	*Licht (u_i)*	*Bef. (x_i)*	*Prod. (y_i)*	*Licht (u_i)*	*Bef. (x_i)*	*Prod. (y_i)*
MO	0	104	98	1	111	118	0	125	107	1	102	127
DI	0	87	105	1	90	123	1	103	114	1	95	117
MI	1	131	115	0	102	105	0	104	95	0	112	94
DO	0	110	93	1	92	102	1	120	117	0	98	102
FR	0	126	104	0	109	115	0	115	104	0	105	98

5.4.3 Analyse des *Wohlbefindens (x_i)* **und** der *subjektiven Produktivität (y_i)*

5.4.3.1 Deskriptiv-Statistische Methoden

Grafische Darstellung

Bei der Betrachtung der visualisierten Daten – als Ausgangspunkt der Analyse – können bereits erste Vermutungen über Trends, Zusammenhänge, serielle Abhängigkeiten wie z. B. Varianzveränderungen und Zyklizitäten aufgestellt werden.

Abbildung 5.9: Grafische Darstellung des *Wohlbefindens (x_i)* und der *subjektiven Produktivität (y_i)*

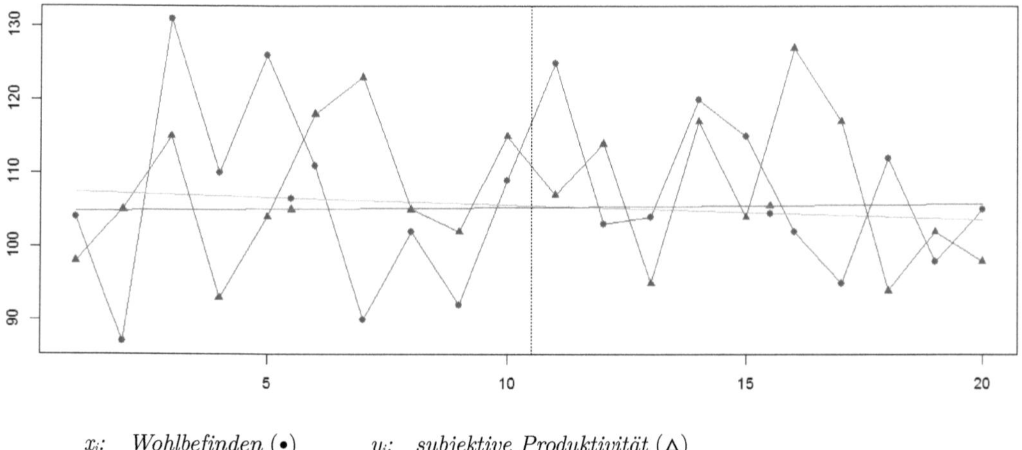

x_i: *Wohlbefinden* (•) y_i: *subjektive Produktivität* ($\triangle$)

Die *Split-Middle Trendlinie* (siehe Abschnitt 3.2.2) könnte auf einen Niveau-Unterschied zwischen der ersten und zweiten Hälfte hindeuten (interessant bei Interventionsstudien), aber auch auf einen Trend über den gesamten Verlauf: bei x_i auf einen schwach positiven und bei y_i auf einen leicht negativen Trend. Allerdings sind die Steigungen so gering, dass ein statistisch signifikanter Trend unwahrscheinlich ist.

Statistische Maßzahlen von x_i und y_i

	n	*median*	*mean*	*sd*	*min*	*max*	*range*
x_i	20.000	104.500	107.050	12.085	87.000	131.000	44.000
y_i	20.000	105.000	107.650	9.980	93.000	127.000	34.000
D	0.000	0.478	0.560	-17.418	6.897	-3.053	-22.727

Vergleicht man Median und arithmetisches Mittel der beiden Variablen, lässt sich praktisch kein Niveau-Unterschied feststellen (Differenz D [%] zwischen x_i und y_i: *median: +0.478%, mean: +0.560%*).

Auffallend ist jedoch der Unterschied der *Variabilität*: Die Standardabweichung (-17.418%) und der Range (-22.727%) fallen beim *Wohlbefinden (x_i)* höher aus als bei der *subjektiven Produktivität (y_i)*. Dies deutet auf eine unterschiedliche *Dispersion* bzw. *Verteilungsbreite* der beiden Variablen hin.

5.4.3.2 Inferenzstatistische Methoden

Zusammenhangsanalyse: Rangkorrelationskoeffizienten Rho & Tau (x_i gegen y_i)

$Rho = -0.0943$ with $p = 0.6926$	$Tau = -0.0753$ with $p = 0.6483$

Der Zusammenhang zwischen dem *Wohlbefinden (x_i)* und der *subjektiven Produktivität (y_i)* ist für die Untersuchungsfrage nicht vorrangig von Interesse. Dennoch kann es nützlich sein, die Korrelation zwischen den beiden Variablen zu kennen.

Interessanterweise deuten die Korrelationskoeffizienten auf einen schwachen negativen Zusammenhang hin, der jedoch mit einem hohen p-*Wert* nicht signifikant ist. Zu erwarten wäre eher ein *positiver* und *signifikanter* Zusammenhang.

5.4.4 Analyse der *Lichtvariante (u_i)* **und** des *Wohlbefindens (x_i)*

Ausgehend von der Untersuchungsfrage war der Zusammenhang zwischen der *Lichtvariante (u_i)* und dem *Wohlbefinden (x_i)* sowie zwischen u_i und der *subjektiven Produktivität (y_i)* zentral.

5.4.4.1 Inferenzstatistische Methoden

Zusammenhangsanalyse: Mann-Whitney U-Test / Wilcoxon-Rangsummentest

Positive relation with $p = 0.7800$	Negative relation with $p = 0.2436$

Zwar konnte in der Vorstudie ein Zusammenhang zwischen dem *Wohlbefinden (x_i)* und der neuen Beleuchtung festgestellt werden, aber ein Zusammenhang mit der *Lichtvariante (u_i)* – weder positiv noch negativ – zeigt sich in den neuen Ergebnissen nicht.

5.4.5 Analyse der *Lichtvariante (u_i)* **und** der *subjektiven Produktivität (x_i)*

5.4.5.1 Inferenzstatistische Methoden

Zusammenhangsanalyse: Mann-Whitney U-Test / Wilcoxon-Rangsummentest

Positive relation with $p = 0.0011$	Negative relation with $p = 0.9991$

Wendet man den gleichen Test auf die Variable *Lichtvariante (u_i)* und *subjektive Produktivität (y_i)* an, erhält man im Gegensatz zur vorausgehenden Analyse einen signifikanten Zusammenhang.

Es kann davon ausgegangen werden, dass die *Lichtvariante (u_i)* einen Einfluss auf die *subjektive Produktivität (y_i)* hat. Dabei geht die *zweite Lichtvariante ($u_i = 1$)* mit höheren Produktivitätseinschätzungen einher. Aufgrund dieser signifikanten Testwerte liegt für *NanoSoft* eine Entscheidung für die *zweite Lichtvariante ($u_i = 1$)* nahe.

5.4.6 Analyse des *Wohlbefindens (x_i)*

5.4.6.1 Deskriptiv-Statistische Methoden

Statistische Maßzahlen der ersten und zweiten Hälfte der Messungen des Wohlbefindens (x_i)

	n	$median$	$mean$	sd	min	max	$range$
$x1$	10.000	106.500	106.200	14.559	87.000	131.000	44.000
$x2$	10.000	104.500	107.900	9.735	95.000	125.000	30.000
D	0.000	−1.878	1.601	−33.134	9.195	−4.580	−31.818

x1: erste Hälfte der Messungen von x_i *x2:* zweite Hälfte der Messungen von x_i

Vergleicht man den Median und das arithmetisches Mittel der beiden Hälften, lässt sich nur ein unbedeutender Niveau-Unterschied erkennen (*median:* −1.878%, *mean:* +1.601%). Hingegen ist bei der Standardabweichung (*sd:* −33.134%) und dem Range (−31.818%) ein deutlicher Unterschied zwischen den beiden Hälften festzustellen. Dies deutet auf einen Trend der *Dispersion* bzw. *Verteilungsbreite* von x_i über die Zeit hin (Heteroskedastizität).

5.4.6.2 Inferenzstatistische Methoden

Trendanalyse: Rangkorrelationskoeffizienten Rho & Tau (x_i gegen t_i)

$Rho = -0.0557$ with $p = 0.8156$	$Tau = -0.0529$ with $p = 0.7453$

Vor dem Hintergrund des Untersuchungsziels – der Analyse des Zusammenhangs zwischen dem *Wohlbefinden (x_i)* / der *subjektiven Produktivität (y_i)* und der *Lichtvariante (u_i)* – steht eine Analyse des Trendverlaufs der Variablen nicht im Vordergrund. Sie wird der Vollständigkeit halber dennoch durchgeführt, weil bei dieser Studie auch Zusammenhangsmaße von Interesse sind, die bei Vorliegen von Trends *über-* oder *unterschätzt* werden können.

Die Korrelationskoeffizienten fallen hier jedoch erwartungsgemäß sehr niedrig und insignifikant aus. Es ist folglich nicht von einem Trend im Wertverlauf auszugehen.

Analyse der Varianzveränderung: Rekordbrechertest

Increasing variance with $p = 0.9862$	Decreasing variance with $p = 8\text{e-}04$

Auch hier bestand im Vorfeld keine Hypothese. Der Test führte jedoch zu einem signifikanten Resultat, welches die Vermutung stützt, die sich bereits bei der deskriptivstatistischen Analyse (siehe oben) abgezeichnet hat: Der *p-Wert* beim „*Rückwärtszählen*" der Rekorde ist (hoch)signifikant, weshalb von einer im Zeitverlauf *abnehmenden Varianz* der Zeitreihe des *Wohlbefindens (x_i)* ausgegangen werden kann.

5.4.7 Analyse der *subjektiven Produktivität (y_i)*

5.4.7.1 Deskriptiv-Statistische Methoden

Statistische Maßzahlen der ersten und zweiten Hälfte der Messungen der subjektiven Produktivität (y_i)

	n	*median*	*mean*	*sd*	*min*	*max*	*range*
x1	10.000	105.000	107.800	9.531	93.000	123.000	30.000
x2	10.000	105.500	107.500	10.927	94.000	127.000	33.000
D	0.000	0.476	−0.278	14.647	1.075	3.252	10.000

x1: erste Hälfte der Messungen von y_i (!)   *x2:* zweite Hälfte der Messungen von y_i (!)

Auch bei der Zeitreihe zur Einschätzung der *subjektiven Produktivität (y_i)* lässt sich beim Direktvergleich der Mittelwerte der beiden Hälften kaum ein Unterschied feststellen (*median:* +0.476%, *mean:* −0.278%). Bei der Variabilität (*sd:* +14.647%, *range:* +10.000%) fällt der Unterschied der Dispersion zwar deutlich, aber doch schwächer aus als beim *Wohlbefinden (x_i)*, was auf eine nur geringfügige Heteroskedastizität in der Zeitreihe hindeutet, die mit großer Wahrscheinlichkeit nicht signifikant ist.

5.4.7.2 Inferenzstatistische Methoden

Trendanalyse: Rangkorrelationskoeffizienten Rho & Tau (y_i gegen t_i)

$Rho = -0.0384$ with $p = 0.8722$	$Tau = -0.0107$ with $p = 0.9481$

Wie bereits beim *Wohlbefinden (x_i)* erwähnt, ist der Trend im Werteverlauf nur im Hinblick auf die Zusammenhangsmaße von Interesse.

Die Korrelationskoeffizienten sind mit sehr hohem *p-Wert* nicht signifikant und fallen auch hier erwartungsgemäß sehr niedrig aus – es ist folglich nicht von einem Trend auszugehen.

Analyse der Varianzveränderung: Rekordbrechertest

Increasing variance with $p = 0.4279$	Decreasing variance with $p = 0.6609$

Auch der *Rekordbrechertest* führt – ausgehend von der deskriptiven Analyse – in beiden Richtungen erwartungsgemäß nicht zur Verwerfung der Nullhypothese. Allerdings bleibt unklar, weshalb beim *Wohlbefinden (x_i)* eine *so starke* und hier – bei der *subjektiven Produktivität (y_i)* – keine *Heteroskedastizität* vorzuliegen scheint.

5.4.8 Zusammenfassung

Zunächst wurde mit deskriptiven Maßzahlen eine unterschiedliche Dispersion bei dem *Wohlbefinden (x_i)* und der *subjektiven Produktivität (y_i)* zwischen den quasi-experimentellen Beleuchtungsbedingungen festgestellt (Abschnitt 5.4.3.1). Dies könnte auf zahlreiche Ursachen zurückzuführen sein. Es wäre z. B. denkbar, dass die *subjektive Produktivität (y_i)* weniger als das *Wohlbefinden (x_i)* von Drittvariablen wie z. B. dem Wetter abhängt, und dass gerade dieses stark variierte.

Es ist jedoch zu vermuten, dass die Probanden ihr Wohlbefinden aufgrund einer Erwartungshaltung anfangs „übersensibel" eingeschätzt haben: Da dieselben Probanden bereits an der Vorstudie teilnahmen, welche einen positiven Einfluss der *neuen Beleuchtung* auf das Wohlbefinden nachweisen konnte, erwarteten sie womöglich, die beiden *Lichtvarianten* der neuen Beleuchtung würden das Wohlbefinden entsprechend *auch* unterschiedlich stark beeinflussen; sie haben ihre Diskriminationsfähigkeit des Befindens anfangs überschätzt und später nivelliert.

Weiter konnte mit deskriptiven Methoden in der *ersten* Hälfte der Zeitreihe des *Wohlbefindens (x_i)* eine höhere Dispersion festgestellt werden als in der *zweiten* (Abschnitt 5.4.6.1), was die Hypothese einer abnehmenden Varianz *im Zeitverlauf* nahelegt. Diese konnte mit dem Ergebnis des *Rekordbrechertests* (Abschnitt 5.4.6.2) gestützt werden. Die vermuteten Ursachen für dieses Phänomen hängen direkt mit obengenannten Annahmen zusammen: Die „Übersensibilität" war vor allem zu Beginn der Studie stark und nahm dann im Verlauf ab, da wohl eine gewisse Gewöhnung an die Situation einsetzte, gerade auch deshalb, weil die Varianten nicht bewusst voneinander unterscheidbar sind.

Das Vorhandensein der erhöhten Dispersion *und* des Dispersionstrends beim *Wohlbefinden (x_i)* wirft einige Fragen auf; unter anderem auch in Bezug auf das Design der Studie: Möglicherweise wären diese Phänomene nicht aufgetreten, wenn Personen teilgenommen hätten, die nicht über die Umstände der Studie und ihrer Vorstudie im Bilde gewesen wären. Problematisch sind in solchen Fällen eines „Blindversuchs" jedoch ethische Aspekte.

Die Hypothese einer Veränderung des *Wohlbefindens (x_i)* abhängig von der *Lichtvariante (u_i)* konnte mit dem *U-Test* nicht gestützt werden (Abschnitt 5.4.4.1). Für die Wahl der einzusetzenden *Lichtvariante (u_i)* konnte sich *NanoSoft* daher nicht auf das *Wohlbefinden (x_i)* stützen.

Hingegen wurde die Vermutung, dass die *Lichtvariante (u_i)* einen Einfluss auf die *subjektive Produktivität (y_i)* hat, mit dem *U-Test* gestärkt (Abschnitt 5.4.5.1). Die Verantwortlichen könnten die Wahl der *zweiten Lichtvariante* ($u_i = 1$) mit der tendenziell höheren *subjektiven Produktivität (y_i)* begründen.

Die Studie zeigt einerseits, dass es von Vorteil sein kann, mehrere Variablen zu messen, die für die Beurteilung eines Sachverhaltes relevant sein könnten und andererseits, dass gewisse Details des Studiendesigns einen großen Einfluss auf die Messungen haben können.

5.5 Fallbeispiel 5: Neue Suchmaschine für einen *B2B*-Onlineshop

Das letzte Fallbeispiel enthält nicht wie die vorausgehenden nominale und ordinale Daten, sondern zwei *verhältnisskalierte* Variablen.

Sofern die Zeitreihe höchstens eine *schwache Abhängigkeit* aufweist, die gemessene Variable *zufällig* ist, und weitere Voraussetzungen wie z. B. die *Stationarität* gegeben sind (vgl. hierzu Kreiß & Neuhaus, 2006, S. 161 ff.), kann bei einem „großen" N aufgrund des *zentralen Grenzwertsatzes* von einer annähernden Normalverteilung ausgegangen werden. Diese Voraussetzungen sind jeweils zu prüfen, *bevor* die Verteilungsannahme aufgestellt wird. Dieses Fallbeispiel wurde so konstruiert, dass die Erfüllung dieser Voraussetzungen theoretisch möglich ist. Unter anderem durch die im Vergleich relativ große Zahl von Messungen ($N = 40$). Aber auch durch das *business-to-business Geschäftsmodell,* wo im Vergleich zu *business-to-customer* schwächere Zyklizitäten (und damit eine eher *schwache Abhängigkeit*) vermutet werden, und die Nachfrage aufgrund des Vertriebs von *Verbrauchsmaterial* konstanter als z. B. bei Modeprodukten sein dürfte *(Stationarität)*. Der Einfachheit halber wird davon ausgegangen, dass hier die Annahmen zumindest annäherungsweise erfüllt werden können.

Die Analyse dieses Fallbeispiels soll veranschaulichen, dass die vorliegende Applikation und die darin enthaltenen Methoden auch mit höheren Skalenniveaus und Daten funktionieren, denen (möglicherweise) parametrische Verteilungsannahmen zugrunde liegen, und für die sich vermutlich auch andere Verfahren anbieten würden. Bei der exemplarischen Durchführung der Analyse soll auch auf die für diese Zwecke implementierten *Regressionsanalysen* eingegangen werden.

5.5.1 Fallbeschreibung

Die Firma *BüroB2B*, die mit ihrem *business-to-business Geschäftsmodell* auf ihrem Onlineshop Büromaterial für Firmen anbietet, möchte höhere Verkaufszahlen erzielen. Ihre Kunden besuchen den Onlineshop in der Regel mit einer relativ klaren Vorstellung der zu kaufenden Artikel (Zusatzprodukte, Papier, Toner etc.) und bestellen normalerweise größere Mengen unterschiedlicher Artikel.

Die Firmenleitung erwägt die Verbesserung der bisherigen Suchmaschine, was eine relativ große Investition bedeuten würde. Von der einzuführenden Suchmaschine ist aus Studien bekannt, dass sie die *Recherche-/Entscheidungszeit* der Kunden und somit die Dauer bis zur Bestellung im Schnitt um etwa 10% reduzieren kann. Da jedoch der Zusammenhang zwischen der benötigten *Entscheidungszeit* und der *Zahl der verkauften Produkte* nicht in allen Branchen und Produktkategorien gleich groß ist, soll zunächst geprüft werden, wie stark dieser im Fall von *BüroB2B* ausfällt (sog. *Fallkontrolle*, siehe auch Abschnitt 1.2). Folgende Variablen werden im Rahmen der Studie über acht Wochen täglich erfasst:

- *Entscheidungszeit (x_i):* Durchschnittliche Zeit, die ein Kunde vom Besuch des Onlineshops bis zur Bestellung benötigt.

- *Verkäufe (y_i):* Anzahl verkaufter Produkte am Tag i

Zur Überprüfung des Zusammenhangs zwischen den beiden Variablen ist eine „Diagnosephase" von vier Wochen vorgesehen. Stützen die daraus hervorgehenden Ergebnisse die Vermutung eines deutlichen *negativen Zusammenhangs*, wird die neue Suchmaschine eingeführt.

Zur abschließenden Evaluation sollen in den ersten vier Wochen nach der Einführung die beiden Variablen erneut gemessen werden. Zeigt sich tatsächlich eine deutliche *Zunahme* in den *Verkäufen (y_i)* und eine deutliche *Abnahme* in der *Entscheidungszeit (x_i)*, würde die Zusammenhangsvermutung weiter gestärkt. Darüber hinaus könnte dies künftige Entscheidungen über weitere Investitionen in Onlineshop-Software zur Verkürzung der *Recherchezeiten* erleichtern.

Um möglichst viele Drittvariableneffekte ausschließen zu können, beabsichtigt die Firmenleitung im Zeitraum der Untersuchung keine weiteren Anpassungen am Onlineshop vorzunehmen.

Die *Prä-* und *Postphase* fallen jeweils auf Monate, bei denen in den vergangenen Jahren keine auffälligen Unterschiede in der *monatlichen Gesamtbestellungszahl* festgestellt werden konnten.

5.5.2 Erhobene Daten

Baseline-Phase

Tag	Woche 1		Woche 2		Woche 3		Woche 4	
	E'Zeit (x_i)	Verk. (y_i)	E'Zeit (x_i)	Verk. (y_i)	E'Zeit (x_i)	Verk. (y_i)	E'Zeit (x_i)	Verk. (y_i)
MO	195	6477	213	6138	212	6023	204	6301
DI	209	6171	200	6374	192	6478	198	6410
MI	208	6208	204	6347	204	6217	212	6185
DO	194	6501	206	6378	190	6356	194	6531
FR	205	6485	206	6477	189	6376	206	6566
SA	204	4281	198	4123	204	4837	197	4651
SO	201	3445	207	3521	207	3271	203	3396

Post-Intervention Phase

Tag	Woche 1		Woche 2		Woche 3		Woche 4	
	E'Zeit (x_i)	Verk. (y_i)	E'Zeit (x_i)	Verk. (y_i)	E'Zeit (x_i)	Verk. (y_i)	E'Zeit (x_i)	Verk. (y_i)
MO	191	6610	199	6642	201	6636	196	6501
DI	195	6321	193	6727	200	6713	187	6485
MI	192	6605	201	6690	179	6728	189	6396
DO	196	6146	195	6328	193	6451	196	6765
FR	188	6519	179	6713	187	6696	183	6638
SA	186	4369	181	4998	191	4692	192	4727
SO	192	3743	203	3883	185	3771	183	3912

Die Daten wurden über 2 x 4 Wochen: 4 Wochen Prä- und 4 Wochen Post-Phase erhoben. Die Werte repräsentieren jeweils den Tagesdurchschnitt der *Entscheidungszeit (x_i)* bzw. die Tagessumme der *Verkäufe (y_i)*. Damit gelten die Zeitabstände zwischen den Messungen als *äquidistant*.

5.5.3 Analyse von *Entscheidungszeit (x_i)* **und** *Verkäufen (y_i)*

5.5.3.1 Deskriptiv-Statistische Methoden

Abbildung 5.10: Grafische Darstellung der *Entscheidungszeit (x_i)*

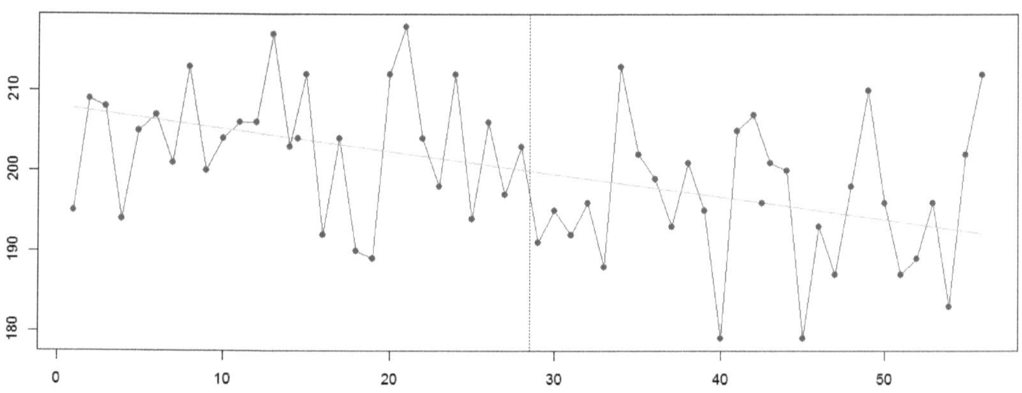

Abbildung 5.11: Grafische Darstellung der *Verkäufe (y_i)*

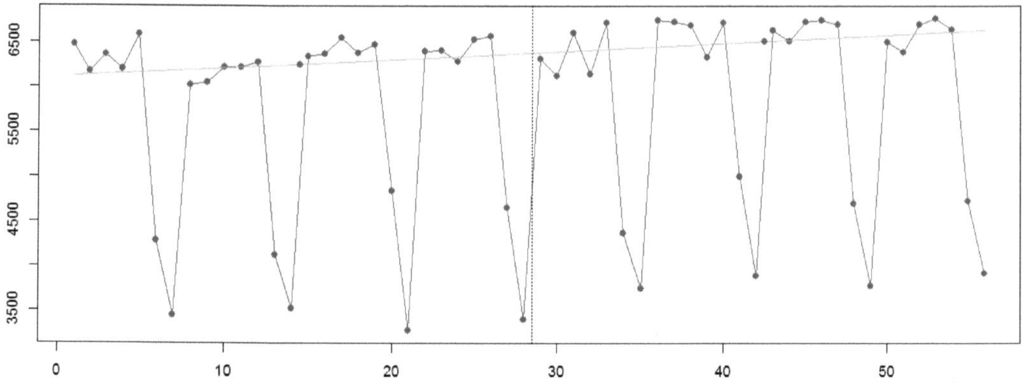

5.5.4 Merkmale des Designs

In diesem Beispiel geht es zunächst darum, einen Zusammenhang zwischen zwei *beobachteten Variablen* festzustellen *(Prä-Phase)*. Es handelt sich folglich um ein klassisches *Beobachtungsdesign*. Anhand der daraus gewonnenen Ergebnisse soll anschließend eine Investitionsentscheidung *(Intervention)* mitbegründet werden. Durch die Intervention und den abschließenden *Prä-Post-Vergleich* hat das Beispiel zugleich *quasi-experimentellen* Charakter und möchte den kausalen Zusammenhang zwischen der Intervention und den abhängigen Variablen annährungsweise untersuchen.

Folglich handelt es sich hierbei um ein *kombiniertes Untersuchungsdesign*, das einerseits beobachtenden, andererseits quasi-experimentellen Interventionscharakter hat.

5.5.5 Analytisches Vorgehen der Studie

Ausgehend vom Untersuchungsziel dieser Studie ist zunächst von Interesse, ob ein negativer Zusammenhang zwischen der *Entscheidungszeit* (x_i) und den *Verkäufen* (y_i) im Onlineshop besteht *(Schritt 1)*. Hierzu werden nach der vierwöchigen Baseline-Phase die Daten dieser „Diagnosephase" analysiert. Kann dabei ein deutlicher negativer Zusammenhang festgestellt werden, stützt dies die Entscheidung für eine neue Suchmaschine – und ihre Einführung – gegenüber der Fortführung der bisherigen Lösung. Eine solche Intervention stellt einen Stufen-Input dar (z. B. Thome, 2005, S. 176 f.)): Nach der Baseline-Phase kommt es zu einer sprunghaften und anhaltenden Veränderung der unabhängigen Variable.

Nach der Einführung ist für die Evaluation der Intervention zu prüfen, ob die durchschnittliche *Entscheidungszeit* (x_i) tatsächlich verkürzt werden konnte *(Schritt 2)*. Zudem ist zu testen, wie sich das Niveau der *Verkäufe* (y_i) nach der Intervention von dem Niveau vor der Intervention unterscheidet; dies ist hier die entscheidende abhängige Variable *(Schritt 3)*.

5.5.6 Aufbereitung der Daten

Betrachtet man die Graphen der beiden Variablen (siehe Abbildung 5.10 und 5.11), lässt sich mithilfe der *Split-Middle Trendlinie* bei der *Entscheidungszeit* (x_i) eine zunehmende und bei den *Verkäufen* (y_i) eine abnehmende Steigung feststellen, was die Vermutung eines *Niveau-Unterschiedes* und/oder eines *negativen Zusammenhangs* unterstützen würde.

Bei y_i ist ein Zyklus von einer Länge von sieben Tagen zu erkennen, der hauptsächlich durch deutlich tiefere Werte an den Wochenenden bedingt ist. Dies ist darauf zurückzuführen, dass sich der Onlineshop mit seinem *B2B* Geschäftsmodell an Geschäftskunden richtet, welche hauptsächlich an *Arbeitstagen* Bestellungen aufgeben. Die zyklische Schwankung mit *Lag* = 7 wurde mit dem *Dufour-Test* geprüft; das Signifikanzniveau $a = 5\%$ wird mit $p = 0.0010$ deutlich unterschritten.

Bei x_i hingegen ist mit bloßem Auge keine zyklische Schwankung erkennbar. Das Fehlen eines solchen wöchentlichen Zyklus scheint auch plausibel – es konnten keine Gründe gefunden werden, weshalb die durchschnittlichen Entscheidungszeiten an den Wochenenden länger oder kürzer ausfallen sollten als werktags, zumal sich die Art der Einkäufe nicht unterscheidet.

Für die Analyse eines Zusammenhangs zwischen zwei Variablen ist eine solche zyklische Schwankung, die nicht primär mit der anderen Variablen in Verbindung steht, problematisch und die *Validität* der Wochenenddaten somit fraglich. Um „Verzerrungen" der Zusammenhangsmaße zu vermeiden, werden die Wochenenddaten deshalb bei der Analyse ausgeschlossen.

Vergleicht man für die Baseline-Phase das *Tau* der „bereinigten" ($Tau = -0.4475$ mit $p = 0.0068$) mit dem der ursprünglichen Zeitreihe ($Tau = -0.2331$ mit $p = 0.0877$), zeigt sich ein stärkerer, nun signifikanter Zusammenhang – trotz kleinerem N. Das Weglassen der Wochenenden erscheint sinnvoll.

Abbildung 5.12: Grafische Darstellung der *Entscheidungszeit (x$_i$)* ohne Wochenenddaten

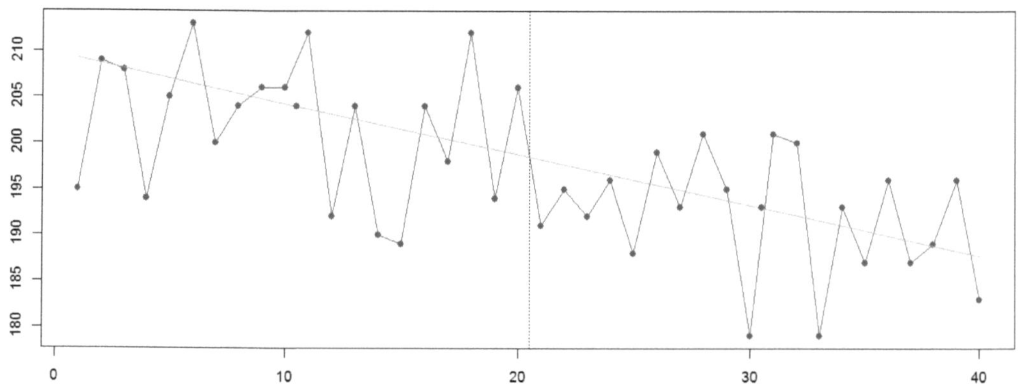

Abbildung 5.13: Grafische Darstellung der *Verkäufe (y$_i$)* ohne Wochenenddaten

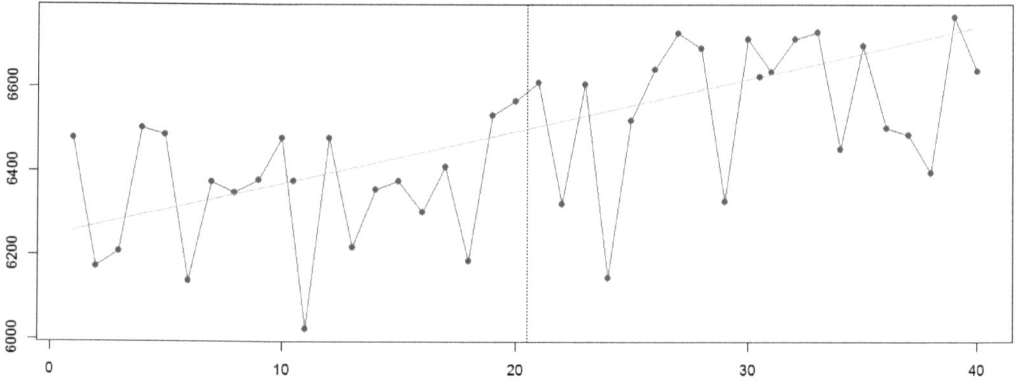

5.5.7 Durchführung der Analysen

Der hier interessierende Korrelationskoeffizient *Kendalls Tau* für x_i und y_i wurde oben bereits erwähnt. Bevor daraus Schlüsse gezogen werden können, ist aufgrund der „Verzerrungsproblematik" zu prüfen, ob den beiden Variablen jeweils ein Trend zugrunde liegt, was mit einer *Korrelationsanalyse* gegen die Zeit geprüft wird *(Vorbereitung zu Schritt 1)*. Bei der *Entscheidungszeit (x$_i$)* erhalten wir $Tau = -0.1398$ mit $p = 0.3966$ und bei den *Verkäufen (y$_i$)* $Tau = 0.1319$ mit $p = 0.4171$. Demnach ist bei beiden Variablen nicht von einem Trend auszugehen, und es kann der ohne Trendbereinigung berechnete Korrelationskoeffizient $Tau = -0.4475$ mit $p = 0.0068$ verwendet werden *(Schritt 1)*. Dieser Wert stützt die Annahme eines Zusammenhangs zwischen der *Entscheidungszeit (x$_i$)* und den *Verkäufen (y$_i$)*.

Damit kann nun der *zweite Analyseschritt* durchgeführt werden: Prüfen auf einen Niveau-Unterschied der Variable *Entscheidungszeit (x$_i$)* zwischen der Prä- und Post-Phase. Hierzu werden zunächst die deskriptiven Statistiken der beiden Hälften der Reihe betrachtet: Die beiden arithmetischen Mittel deuten auf ein ca. 5% tieferes Niveau der zweiten Hälfte hin. Zur Überprüfung des vermuteten Niveau-Unterschieds wird der *S$_2$-Test* verwendet, der sich, wie in Abschnitt 3.3.2.2 beschrieben, speziell für Interventionsstudien eignet, da er direkt die zwei Abschnitte vor und nach der Intervention untersucht. Der Test auf einen Abwärtstrend fällt mit einem $p = 0.0059$ signifikant aus. Entsprechend kann in der zweiten Hälfte von einem tieferen Niveau ausgegangen werden. Da keine sonstigen Änderungen an dem

Onlineshop vorgenommen wurden, kann das um etwa 5% *tiefere* Niveau der *Entscheidungszeit (x_i)* vor allem mit der Einführung der neuen Suchmaschine in Verbindung gebracht werden. Das entspricht zwar nicht der durchschnittlich erwarteten 10% kürzeren Recherchezeit, es ist aber denkbar, dass die Wirkung der neuen Suchmaschine verzögert auftritt.

Nun gilt es im *dritten Analyseschritt* zu klären, ob bei den *Verkäufen (y_i)* ein der *Entscheidungszeit (x_i)* entgegengesetzter Niveau-Unterschied festgestellt werden kann. Die deskriptiven Methoden deuten auf ein in der zweiten Hälfte gut 3% höheres Niveau hin. Ob der Trend belegt werden kann, ist wiederum mit dem S_2-*Test* zu prüfen. Der Test auf einen Aufwärtstrend ergibt ein $p = 0.0002$; womit der im zweiten Segment *höhere* Level bestätigt wird.

5.5.8 Zusammenfassung

Es konnte zunächst ein signifikanter negativer Zusammenhang zwischen der *Entscheidungszeit (x_i)* und den *Verkäufen (y_i)* gezeigt werden: je schneller die Kunden sich entscheiden konnten (effizientere Suche, Aufbereitung und Bewertung der Alternativen, etc.), umso mehr wurde bestellt. Des Weiteren konnte bei beiden Variablen der erhoffte Niveau-Unterschied in der *Entscheidungszeit (x_i)* vor und nach der Intervention – der Einführung der neuen Suchmaschine – nachgewiesen werden. Da die beiden Veränderungen entsprechend dem festgestellten negativen Zusammenhang ausgefallen sind, wird dieser zusätzlich gestützt. *BüroB2B* kann somit eine positive Bilanz aus der Einführung ziehen und wird dank der Ergebnisse weitere Optimierungen des Onlineshops zur Verkürzung der Entscheidungszeiten vornehmen.

Das Beispiel zeigt, dass es zur Stärkung der Aussagekraft unter bestimmten Bedingungen angemessen sein kann, ein kombiniertes Design zu verwenden und die Daten methodisch sinnvoll zu bereinigen. Wie eingangs erwähnt, konnte zudem die Verwendbarkeit von *SCE* mit *verhältnisskalierten* Variablen veranschaulicht werden.

5.5.9 Ergänzende Analyse der Zusammenhangsstärke

Die Geschäftsleitung ist daran interessiert, den Zusammenhang zwischen der Entscheidungszeit und den Verkäufen noch besser zu kennen, um in Zukunft mögliche Investitionen zur Beschleunigung des Einkaufsprozesses in ihrem Kosten-Nutzen-Verhältnis genauer evaluieren zu können.

Durch die Annahme einer annähernden Normalverteilung kann die Methode der *Regressionsanalyse* angewendet werden. Diese wird jeweils separat an den Daten der Baseline-Phase sowie der Post-Phase durchgeführt. Würde die ganze Zeitreihe analysiert, könnte die Verletzung der Annahme der Stationarität nicht ausgeschlossen werden, da die Intervention einen Trend in der zentralen Tendenz im Verlauf beider Variablen bewirkt. Für die Regressionsanalyse problematisch ist in diesem Fall jedoch das kleine $N = 20$. Für die hier interessierende exemplarische Durchführung wird dies jedoch außer Acht gelassen.

Die Analyse der Daten der Baseline-Phase ergibt einen Koeffizienten $\beta_1 = -12.3148$ mit $p = 0.0035$. Auch bei dieser Analyse ist der Zusammenhang signifikant. Der Koeffizient β_1 erlaubt nun den Zusammenhang zu quantifizieren: Wenn die Entscheidungszeit um eine Sekunde verkürzt wird, werden täglich gut 12 Produkte mehr bestellt. Ein analoges Bild zeigt die Analyse der Daten der Post-Phase.

Da durch das Weglassen der Wochenenddaten die Zeitabstände zwischen den Messungen nicht mehr äquidistant sind, sollten jedoch keine Regressionen der jeweiligen Variablen gegen die Zeit durchgeführt werden, beziehungsweise, wenn dies dennoch gemacht wird, dürften lediglich die Vorzeichen der Koeffizienten als Indikatoren der Zusammenhangsrichtung analysiert werden. Eine solche Trendanalyse ist in diesem Kontext jedoch ohnehin nicht von Interesse.

5.6 Anmerkung zur Interpretation der Inferenzstatistiken

Bei den Teststatistiken wurde in den Fallbeispielen z. T. von einer *Bestätigung* oder *Verwerfung* der Nullhypothesen gesprochen, bzw. dass ein Trend oder ein Zusammenhang *nachgewiesen* oder *gezeigt* werden konnte. Grundsätzlich sollten die Testresultate aber gemäß der in Abschnitt 2.3 beschriebenen Problematik non-parametrischer Tests eher als *Stützung* bzw. *Nicht-Stützung* der Hypothesen aufgefasst werden (siehe hierzu auch Reicherts, M., Genoud, P. & Reicherts, L., 2015, S. 186).

5.7 Aspekte des Wissenszuwachses

Die Fallbeispiele zeigen einerseits, wie *SCE* verwendet werden kann, und wie die Outputs zu interpretieren sind. Andererseits verdeutlichen sie, wie daraus neues Wissen entstehen kann.

In Beispiel 1 geht es in der Untersuchung „lediglich" darum, circadiane Schwankungen des Stresserlebens festzustellen, somit handelt es sich gemäß der Unterscheidung der Wissenstypen (Abschnitt 1.2) um die Bildung von *Faktenwissen*. Auch Beispiel 2 betrifft Wissen dieses Typs: Es wird untersucht, ob die Zeitreihen für *F2F-* und *Tele-Kontaktaufnahme* einen Trend aufweisen, und ob eine Konkomitanz besteht. In den Beispielen 3-5 hingegen – mit ihrem „Interventionscharakter" – spielen neben dem *Faktenwissen (FW)* auch das *Bedingungswissen (BW)* und *Veränderungswissen (VW)* eine Rolle:

	Fallbeispiel 3: Frau G.	*Fallbeispiel 4: NanoSoft*	*Fallbeispiel 5: BüroB2B*
FW	Die Klientin leidet unter Angstsymptomen.	Es existieren neuartige ergonomische Beleuchtungskonzepte für Arbeitsumgebungen.	Eine neue Generation von Suchmaschinen ermöglicht eine kürzere Entscheidungszeit.
BW	Erhöhte *Angstsymptome (y_i)* am Vortag (t=i) begünstigen das Auftreten eines *Paarkonflikts (x_i)* am Folgetag (t=i+1).	Die Art der Beleuchtung hängt mit unterschiedlichen Levels der *subjektiven Produktivität (y_i)* zusammen.	Die Länge der *Entscheidungszeit (x_i)* hängt mit den *Verkäufen (y_i)* zusammen.
VW	Durch Mindern der Intensität der *Angstsymptome (y_i)* lässt sich die Häufigkeit der *Paarkonflikte (x_i)* reduzieren.	Durch die Verwendung der *zweiten Lichtvariante* (u_i=1) lässt sich die *subjektive Produktivität (y_i)* erhöhen.	Durch den Einsatz einer verbesserten Suchmaschine können die *Verkäufe (y_i)* erhöht werden.

Die Analysen aller Beispiele haben *deskriptive* sowie *explikative Komponenten* (siehe Abschnitt 1.4) und die aufgestellten Vermutungen sind *singuläre* oder *Existenzhypothesen*, die sich auf die jeweils vorliegende Situation beziehen – wie z. B. das soziale Umfeld des Rehabilitationsklienten (Beispiel 2) oder die Büroumgebung der Firma *NanoSoft* und die Mitarbeiter an diesem Standort (Beispiel 4). Entsprechend ist das aus Einzelfallanalysen generierte Wissen zunächst immer auf den spezifischen Fall beschränkt. Da außerdem die Teststatistiken vorsichtig interpretiert werden müssen, hat das generierte Wissen eher *vermutenden Charakter:* Man möchte mit der Einzelfallanalyse *tentativ* Fakten, Bedingungen und Veränderungen begründen. Die statistischen Signifikanztests, die *SCE* ermöglicht, belegen den überzufälligen Charakter der jeweiligen Daten und verbessern damit die Information.

Interessiert man sich über den einzelnen Fall und die *singuläre Hypothese* hinaus für die Bildung *universeller Hypothesen*, kann die Einzelfallanalyse dennoch interessant sein, da sie bei angemessener Versuchsanordnung *explorativ* die Entwicklung solcher Hypothesen ermöglicht. Durch systematische Replikation können diese Hypothesen anschließend *erhärtet* werden.

Dadurch zeigen die Beispiele in der Einleitung (Abschnitt 1.1) sowie die Fallbeispiele dieses Kapitels, dass die Einzelfallanalyse bei angemessener Planung, Durchführung und Auswertung sowie entsprechend vorsichtiger Interpretation der Ergebnisse zahlreiche Möglichkeiten zur Bildung von Hypothesen, ihrer Verwerfung bzw. Erhärtung und Weiterentwicklung bietet.

6 Zusammenfassung und Ausblick

In der Webapplikation *Single-Case Expert* (www.single-case.expert) wird eine Auswahl von vorliegenden und bewährten statistischen Verfahren angeboten, die sich speziell für die Auswertung von Zeitreihendaten aus Einzelfallanalysen eignen. Das von Wissenschaftlern mitentwickelte Tool richtet sich vor allem an Praktiker und die angewandte Forschung und möchte diesen neue Zugänge zur *einfachen* und gleichzeitig *methodisch angemessenen* Durchführung von quantitativ orientierten Einzelfallanalysen ermöglichen. Finden sich konkrete Einsatzmöglichkeiten, sollte *SCE* auf längere Sicht den bidirektionalen Wissensaustausch zwischen Wissenschaft und Praxis begünstigen, etwa durch die (anonymisierte) Speicherung der Einzelfalldaten (Fallbeschreibung, Zeitreihendaten und Effektgrößen), sodass diese für Forschungszwecke verglichen oder auch aggregiert werden können.

Der Selektion und den Beschreibungen der implementierten Methoden unterliegt einschlägige Literatur. *SCE* orientiert sich am Referenzwerk von Reicherts und Genoud (2015) und speziell am 7. Kapitel zu den non-parametrischen Methoden. Die Webapplikation nähert sich dank der Selektion passender Verfahren, sowie der Einbindung von Hilfen und Erläuterungen einem „Expertensystem". Programmiert wurde das Tool in *R* unter anderem mithilfe des *R-Package „shiny"* zur Erstellung grafischer Benutzeroberflächen.

SCE schlägt ausgehend von der Eingabe von entweder *einer* oder *zwei* Zeitreihen und den Skalenniveaus der gemessenen Variablen *deskriptive Statistiken* (Mittelwerte, Dispersionen, Trendlinien) und *Inferenzstatistiken* vor (z. B. auf *Trends* in der *zentralen Tendenz*, in der *Streuung* oder auf *serielle Abhängigkeiten*). Die vorgeschlagenen Verfahren, die teils eigens für *SCE* programmiert wurden, teils bereits in den verwendeten *R-Packages* zur Verfügung standen, können vom Benutzer *automatisiert* durchgeführt werden. Durch Erläuterungen, Hilfestellungen und eine strukturierte Benutzerführung wird der Anwender bei der Interpretation der Ergebnisse unterstützt. Um den Zugang und die Bedienung zu erleichtern, werden alle Funktionalitäten in einer einheitlichen grafischen Oberfläche dargestellt.

Kernkriterien der Systementwicklung. Die Kernkriterien, die für die Entwicklung des Programms leitend waren (siehe Abschnitt 4.1.3), konnten in der *Release Version* weitestgehend erfüllt werden:

- *Verfügbarkeit:* Die Server, über welche die Webapplikation zur Verfügung gestellt wird, waren durchgehend erreichbar.

- *Bedienbarkeit:* Bisher konnten keine nennenswerten Probleme bei der Interaktion mit der *GUI* festgestellt werden.

- *Interpretierbarkeit:* Die ausgewählten Verfahren setzen lediglich statistisches Grundkenntnisse voraus, und Fehlinterpretationen werden mittels Hilfestellungen so weit wie möglich reduziert.

- *Vernetzung:* Die Verfahren sind mit dem Referenzkapitel des Buches verknüpft und können dort nachgeschlagen werden. Zudem sind in der *GUI* jeweils Verweise auf die „*Hilfe*"-Seite integriert.

Ziel der Weiterentwicklung ist, vor allem die beiden letzten Punkte in den künftigen Versionen noch speziell zu verbessern. Das Vernetzungs-Kriterium könnte insbesondere mit der Integration des „Design-Guides" erweitert werden (siehe Abschnitt 4.1.9).

Weiteres Vorgehen der Entwicklung. Das System soll auch in Zukunft weiter verbessert werden, wobei vor allem das Feedback der Benutzer sowie Vorschläge zu den Einsatzmöglichkeiten dafür ausschlaggebend sein werden. Davon ausgehend können weitere Verfahren hinzugefügt, bestehende angepasst und, wo nötig, die Hilfestellungen ergänzt werden. Damit soll das Verhältnis zwischen *Einfachheit der Verwendung* und der *Vielseitigkeit der Anwendbarkeit* (ausschlaggebend ist hierfür die Zahl der verfügbaren Verfahren) weiter verbessert werden.

Es sind verschiedenste Anwendungsbereiche denkbar, ob zur Entscheidungsunterstützung in Firmen, in Coachings oder in der Ausbildung (insbesondere in Lehrveranstaltungen, in welchen mit dem Referenzwerk gearbeitet wird). Möglich sind auch für spezifische Anwendungsformen angepasste und erweiterte Versionen der Applikation.

Chancen und Grenzen von SCE. In diesem Zusammenhang birgt ein Tool wie *SCE* einige „Risiken", denn gerade die *Einfachheit in der Verwendung* kann im Hinblick auf Datenanalysen problematisch sein. Da das Tool die *automatisierte* Berechnung von Inferenzstatistiken erlaubt, kann der Nutzer versucht sein, sich nicht ausreichend mit der (Berechnungs-)Logik und den Stärken und Schwächen der Verfahren auseinanderzusetzen – was dazu führen kann, dass die jeweiligen Ergebnisse nicht angemessen interpretiert werden. Aus diesem Grund wurde bei der Entwicklung von *SCE* auch Wert auf Erläuterungen und Hilfestellungen gelegt – damit kann dieses „Risiko" zwar verringert aber nicht ausgeschlossen werden. Eine weitere Problematik, die bereits mehrfach thematisiert wurde, betrifft die *Verteilungsannahmen* in Bezug auf die erhobenen Daten. Es kann in Einzelfallanalysen durchaus vorkommen, dass solche Annahmen bei größerem N möglich sind, und somit die Anwendung parametrischer Tests sinnvoll sein kann. Da die Beurteilung dieser Problematik ein solides statistisches Grundwissen voraussetzt, was nicht in allen Praxisfeldern erwartet werden kann, wurde im Referenzwerk sowie in *SCE* überwiegend auf verteilungsfreie Methoden gesetzt. In bestimmten Situationen kann es deshalb vorkommen, dass die non-parametrischen Verfahren im Hinblick auf die Teststärke und Aussagekraft nicht die optimale Lösung darstellen.

Trotz dieser Schwierigkeiten haben statistische Analyseprogramme wie *SCE* in den (angewandten) Wissenschaften und vor allem in der Praxis ein großes Potential, da sie einen einfacheren Zugang zu methodisch angemessenen quantitativen Analysen ermöglichen können. Mit der Einzelfallanalyse lassen sich zwar unmittelbar keine universellen, sondern „nur" Existenzhypothesen bearbeiten, doch auch diese können für den weiteren Wissensgewinn sehr wichtig sein. Zudem lassen sich Hypothesen durch systematische Wiederholung erhärten (siehe auch Abschnitt 5.7)

Entsprechend wäre es interessant, das Tool – neben den anderen geplanten Optimierungen, wie zum Beispiel der Verbesserung einiger Verfahren (siehe Abschnitt 4.1.9) – mit einer Datenbank zu verknüpfen, um damit die – möglichst systematische – Aggregation von Einzelfalldaten zu ermöglichen. Gerade diese Weiterentwicklung kann für übergreifende wissenschaftliche Zwecke von Interesse sein.

Auch wenn *SCE* auf den nicht immer unproblematischen non-parametrischen Methoden beruht, dürften die Werkzeuge – bei angemessener kritischer Interpretation – zu neuer und besser fundierter Evidenz im Kontext sozialwissenschaftlicher Forschung und Anwendung beitragen.

7 Abbildungsverzeichnis

8 Literaturverzeichnis

Barzelay, M. (1993). The single-case study as intellectually ambitious inquiry. In: *Journal of public admin research and theory*, 3 (3), 305-318.

Bortz, J., Lienert, G.A., Boehnke, K. (2008). *Verteilungsfreie Methoden in der Biostatistik.* (3., korr. Auflage). Heidelberg: Springer.

Box, G., Jenkins, G. (1976). *Time series analysis: Forecasting and control.* (2nd ed.) San Francisco: Holden-Day.

Bunge, M. (1967). *Scientific research II: The search for truth.* Berlin: Springer.

Bunge, M. (1985). *Philosophy of science and technology. Part II: Life science, social science and technology.* Dordrecht: Reidel.

Cox, D.R. & Stuart, A. (1955). Some quick sign tests for trend in location and dispersion. *Biometrika*, 42, 80-95.

Dufour, J.-M. (1981). Rank tests for serial dependence. *Journal of time series* analysis, 2 (3), 117-127.

Ebbinghaus, H. (1885). *Über das Gedächtnis. Untersuchungen zur experimentellen Psychologie.* Leipzig: Duncker & Humblot.

Edgington, E.S. (1980). *Randomization tests.* New York: Marcel Dekker.

Fechner, G.T, (1860). *Elemente der Psychophysik.* Leipzig: Breitkopf und Härtel.

Foster, F.G., Stuart, A. (1954). Distribution-free tests in time-series based on the breaking of records. *Journal of the Royal Statistical Society. Series B*, 16 (1), 1-22.

Genoud, P.A. (2015). Die grafische Darstellung und Analyse von Einzelfällen. In: M. Reicherts & P.A. Genoud (Hrsg.), *Einzelfallanalysen in der psychosozialen Forschung und Praxis* (S. 139-154). Weitramsdorf: ZKS-Verlag.

Harrell, F. (2015). *Regression modeling strategies: with applications to linear models, logistic regression, and survival analysis.* (2nd ed.) New York: Springer.

Haymoz, S., Ledermann, K. & Martin-Soelch, C. (2015). Einzelfallanalysen in der Neuropsychologie: Die Untersuchung der Effekte einer neurochirurgischen Intervention bei chronischem Schmerz. In: M. Reicherts & P.A. Genoud (Hrsg.), *Einzelfallanalysen in der psychosozialen Forschung und Praxis* (S. 227-243). Weitramsdorf: ZKS-Verlag.

Hersen, M. & Barlow, D.H. (1976). *Single-case experimental designs: Strategies for studying behavior change.* New York: Pergamon.

Hershkovitz, I., Marder, O., Ayalon, A., Bar-Matthews, M., Yasur, G., Boaretto, E., ... Barzilai, O. (2015). Levantine cranium from Manot Cave (Israel) foreshadows the first European modern humans. *Nature*, 520 (7546), 216-219.

Kendall, M. G., Bradford Hill, A. (1953). The Analysis of Economic Time-Series-Part I: Prices. In: *Journal of the Royal Statistical Society*, Series A (Blackwell Publishing) 116 (1)

Köhler, T. (2008). *Statistische Einzelfallanalyse: Eine Einführung mit Rechenbeispielen.* Weinheim: Beltz.

Kratochwill, T.R. (1986). *Time-series research.* New York: Academic Press, 1986.

Kreiß, J.-P., Neuhaus, G. (2006). *Einführung in die Zeitreihenanalyse.* Berlin: Springer.

Meyer-Bahlburg, H.F.L. (1969). Spearmans rho als punktbiserialer Rangkorrelationskoeffizient. *Biometrische Zeitschrift,* 11 (1), 60-66.

Meyer-Bahlburg, H.F.L. (1970). A nonparametric test for relative spread in unpaired samples. *Metrika,* 15, 23-29.

Larsson, R. (1993). Case survey methodology: Quantitative analysis of patterns across case studies. *The Academy of Management Journal,* 36 (6), 1515-1546.

Milner, B. (1966). Amnesia following operation on the temporal lobes. In C. Whitty & O. Zangwill (Eds.), *Amnesia* (pp. 109-133). London: Butterworths.

Morell, E. & Fried, R. (2009). On nonparametric tests for trend detection in seasonal time series. In B. Schipp & W. Krämer (Eds.), *Statistical inference, econometric analysis and matrix algebra* (pp. 19-39). Heidelberg: Physica-Verlag.

Morley, S. & Adams, M. (1989). Some simple statistical tests for exploring single-case time-series-data. *British Journal of Clinical Psychology,* 28, 1-18.

Morley, S. & Adams, M. (1991). Graphical analysis of single-case time series data. *British Journal of Clinical Psychology,* 30 (2), 97-115.

Parsonson, B.S. & Baer, D.M. (1978). The analysis and presentation of graphic data. In T.R. Kratochwill (Ed.), *Single subject research. Strategies for evaluating change* (pp. 101-165). New York: Academic Press.

Perrez, M. (2011). Wissenschaftstheoretische Grundlagen: Klinisch-psychologische Intervention. In M. Perrez & U. Baumann (Hrsg.), *Lehrbuch Klinische Psychologie – Psychotherapie* (4. aktual. Aufl.) (S. 68-88). Bern: Huber.

Perrez, M. & Patry, J.-L. (1982). Nomologisches Wissen, technologisches Wissen, Tatsachenwissen – drei Ziele sozialwissenschaftlicher Forschung. In J.-L. Patry (Hrsg.), *Feldforschung. Methoden und Probleme sozialwissenschaftlicher Forschung unter natürlichen Bedingungen* (S. 45-66). Bern: Huber.

Petermann, F. (Hrsg.). (1996). Einzelfallanalyse (3. verb. Aufl.). München: Oldenbourg. (1. Aufl.: Petermann, F. & Hehl, F.-J. (Hrsg.). (1979). *Einzelfallanalyse.* München: Urban & Schwarzenberg.)

Reicherts, M. & Genoud, P.A. (Hrsg.). (2015). *Einzelfallanalysen der psychosozialen Forschung und Praxis.* Weitramsdorf: ZKS-Verlag.

Reicherts, M. & Genoud, P.A. (2015). Einzelfallanalysen – Grundlagen ihres Einsatzes in Forschung und Praxis. In M. Reicherts & P.A. Genoud (Hrsg.), *Einzelfallanalysen der psychosozialen Forschung und Praxis* (S. 17-40). Weitramsdorf: ZKS-Verlag.

Reicherts, M. (2015). Designs der Einzelfallanalyse. In M. Reicherts & P.A. Genoud (Hrsg.), *Einzelfallanalysen der psychosozialen Forschung und Praxis* (S. 41-57). Weitramsdorf: ZKS-Verlag.

Reicherts, M., Genoud, P.A. & Reicherts, L. (2015). Non-parametrische Methoden für die Analyse von Einzelfällen. In: Michael Reicherts & P.A. Genoud (Hrsg.) (2015), *Einzelfallanalysen in der psychosozialen Forschung und Praxis* (S. 155-187). Weitramsdorf: ZKS-Verlag.

Schmid, H & Reicherts, M. (2015). Der psychometrische Ansatz in der Einzelfallanalyse. In M. Reicherts & P.A. Genoud (Hrsg.), *Einzelfallanalysen der psychosozialen Forschung und Praxis* (S. 115-138). Weitramsdorf: ZKS-Verlag.

Schmitz, B. (1989). *Einführung in die Zeitreihenanalyse*. Bern: Huber.

Schöbi, D. & Reicherts, M. (2015). Parametrische Methoden: von der Zeitreihenanalyse mit ARIMA-Modellen zu Multilevel-Analysen multipler Einzelfälle. In M. Reicherts & P.A. Genoud (Hrsg.), *Einzelfallanalysen in der psychosozialen Forschung und Praxis* (S. 189-224). Weitramsdorf: ZKS-Verlag.

Sheskin, D. J. (2003). *Handbook of parametric and nonparametric statistical procedures*. (3rd ed.) CRC Press: Washington.

Shine L.C. & Bower, S.M. (1971). A one way analysis of variance for single subject designs. *Educational Psychology Measuring*, 31, 105-113.

Strauss, B. (1996). Quantitative Einzelfallanalysen – Grundlagen und Möglichkeiten. In E. Brähler & C. Adler (Hrsg.), *Quantitative Einzelfallanalysen und qualitative Verfahren* (S. 15-45). Gießen: Psychosozial-Verlag.

Student (1908). The probable error of a mean. In: *Biometrika*, 6 (1).

Thome, H. (2005). *Zeitreihenanalyse: eine Einführung für Sozialwissenschaftler und Historiker*. München: Oldenbourg.

Wald, A., Wolfowitz, J. (1940). On a test whether two samples are from the same population. *The Annals of Mathematical* Statistics, 11 (2), 147-162.

Wallis, W.A. & Moore, G.H. (1941). A significance test for time series analysis. *Journal of the American Statistical Association*, 20, 257-267.

Westmeyer, H. (1979). Wissenschaftstheoretische Grundlagen der Einzelfallanalyse. In F. Petermann & F.J. Hehl (Hrsg.), *Einzelfallanalyse* (S. 17-34). München: Urban & Schwarzenberg.

Westmeyer, H. (1996). Wissenschaftstheoretische Grundlagen der Einzelfallanalyse. In F. Petermann (Hrsg.), *Einzelfallanalyse* (3. verb. Aufl.) (S. 18-35). München: Oldenbourg.

White, O. (1974). *The split-middle – a „quickie" method of trend estimation*. University of Washington: Experimental Education Unit.

Wooldridge, J.M. (2006). *Introductory econometrics: a modern approach*. Mason, OH: Thomson/ South-Western.

Yates, F. (1934). Contingency table involving small numbers and the S2 test. Supplement to the *Journal of the Royal Statistical Society,* 1 (2), 217–235.

9 Anhang: Extraktion der Hilfestellungen und Informationen

Data Analysis

Important Information

- Single-Case Expert (SCE) is based on the designs and statistical methods as described in the book about single-case analysis by Reicherts and Genoud (2015) (for the download link see the 'About' section). Any chapter indications in SCE refer to this book.

- To avoid misinterpretations of the results, it is recommended to consult chapter 7 on non-parametric methods or to look up the descriptions of the respective tests implemented in SCE.

- The software is designed for users with at least basic statistical knowledge. If something should be unclear though, we suggest to look up the specific term in the book or on the web.

Data Input

Instructions

- Always copy and paste your data from 'Excel', 'Numbers' or another spreadsheet software into the data input field below.

- The input values must be separated by tabs.

- Do not change values of your dataset directly in the data input field below, always do this in your spreadsheet program and then copy & paste your data again.

- SCE should not be used for time series with less than 15 observations, since some statistical tools do not work properly with very short time series (e.g. some test statistics will remain insignificant, independent of the data you entered).

- It is not recommended to use SCE for series with more than 60 measurements either, since some of the tests are better suited for smaller time series.

- For any further information about the use of this application, please go to the 'Help' section.

Supported Types of Input Data

You can enter the following types of data:

(1) One ordinal variable*
- 1st data column: variable x

(2) Two ordinal variables*
- 1st data column: variable x
- 2nd data column: variable y

(3) One binary variable
- analog to case 1

(4) Two binary variables
- analog to case 2

(5) One ordinal and one binary variable
- analog to case 2

Make sure that you always enter your data as columns and not as rows.

The data input field below contains some sample data of a time series with 20 observations of an ordinal variable. Please just delete these values before you enter your own data.

SCE recognizes if you have entered binary or higher scaled variables (like ordinal variables) and displays the statistical tools that work with these data (on a numerical level). If the application of these tests is also appropriate under methodological aspects, has to be decided by the user himself.

*SCE can handle interval or ratio variables, too, but its tests are primarily designed for ordinal variables.

Your Input Data

Looking at your data input, it seems you have entered ? in ? *values*. If the scale type has not been recognized correctly, please verify your data and its formatting (natural numbers, no space). In this case, have a look at your data and check if it corresponds to the following data: [Table with input data]

Statistical Tools for ONE ORDINAL Variable

Plot of Time Series

- Line: Split-middle trend line (for the description of the method see chapter 6.3) (through the medians of the two segments indicated by the blue points).
- Vertical dotted line: Represents the mid-point of the time series.

Analysis of Time Series

Summary Statistics

[n/median/mean/sd/min/max/range of **x**]

See the 'help' section for further information about this table.

Test Statistics

Analysis of a Trend in the Mean

To examine a trend in the mean of the time series, Spearman's Rho and Kendall's Tau can be used.

- Rho = ? with p = ?
- Tau = ? with p = ?

Test Information

Rho and Tau both have to be interpreted the same way. The minimum value the coefficients can take is (-1) and the maximum value is (+1), each one either standing for a perfect negative or positive trend.

Test hypotheses:
- H0: There is no significant trend in the mean.
- H1: There is a significant trend in the mean.

If you have entered ordinal variables, you should use Tau - as Rho overestimates the relation in this case. If you have entered interval or ratio variables you may use both correlation coefficients.

Note: The result 'NA' means that there is no trend in the mean.

Analysis of Serial Dependencies

To examine serial dependencies and cyclical variations, the test of Dufour (1981) can be used.

Please select the estimated cycle length: [Slider Input]

- Lag = ? with p = ?

Test Information
Test hypotheses:
- H0: There are no serial dependencies or cyclical variations of the given lag length in the time series.
- H1: There are serial dependencies or cyclical variations of the given lag length in the time series.

Note: An error message indicates in most cases that your data set is too small for the given lag length.

Analysis of a Trend in the Variance

Visual Analysis of a Change in the Variance
Take a look at the plot below which aims to visualize the difference in the variance by drawing a line through the minimum and the maximum values of the first and the second half of the time series.

This method may help to support the hypothesis of a trend in the variance even if the records test below has not a significant result.

To examine a trend in the variance, the Records test of Foster and Stuart (1954) can be used.

- Increasing variance with p = ?
- Decreasing variance with p = ?

Test Information
Info: Only conduct this test, if the H0 of Rho & Tau (no trend in the mean) has not been rejected, because the test – as it is implemented in this version of SCE – does not work well with time series that have a trend in their mean.

Further limitations of this test:
- The scale width of the data should be greater than 10.
- The length of the time series should be above 15 but not greater than ~40 observations, since the test may lose power with long time series.

Test hypotheses for an increasing variance:
- H0: There is no significant increase in the variance throughout the time series.
- H1: There is a significant increase in the variance throughout the time series.

Test hypotheses for a decreasing variance:
- (analog to above)

Analysis of Time Series Segments

Summary Statistics

[n/median/mean/sd/min/max/range of **x1** and **x2** and the respective percentage differences]

The variable x1 represents the observations of the first and x2 of the second half of the time series. See the 'help' section for further information about this table.

Possible Questions

Is there a difference in the mean or the median that may indicate a different level of the observations in the first and the second segment? Is there a difference in the variance or the range of the values that may indicate a different dispersion of the observations in the first and the second segment?

Test Statistics

Analysis of a Difference in the Level between two Segments

To examine a difference in the level between two segments, the S2 (or S3) test from Cox and Stuart (1955) can be used.

- Upward trend with p = ?
- Downward trend with p = ?

Test Information

Test hypotheses for an upward trend:

- H0: There is no increase in the level between the two segments.
- H1: There is an increase in the level between the two segments.

Test hypotheses for a downward trend:

- (analog to above)

Notes:

To avoid misinterpretations, take a look at the split-middle trend line in the plot above, too.

Pay attention to the format of your data: two halves that are of the same length. Only paste the data that contains the two sequences you want to compare. You may also omit observations between the two sequences of interest – for example, if you have a design with "pre", "peri" and "post" data you may omit the "peri"-data for this analysis (like in the S3 test, where only the first and the last third are compared).

Attention: If you enter a series with an odd number of observations, the value in the middle will be ignored in any case.

Statistical Tools for ONE INTERVAL or RATIO Variable:

Regression of Time Series

For the regression analysis a simple linear model is being used. This is the only parametric method in SCE. Beware of the stronger assumptions of this method compared to the nonparametric methods. To be able to interpret the coefficients below, your data must be in an interval or ratio scale. (If this is not the case, it is only possible to interpret the signs of the coefficients but not their values.)

If these 'core conditions' are fulfilled, you may use this analysis as an explorative tool, to give you an idea of the relation between the variables.

To facilitate the interpretation, only the most essential information is displayed below: the coefficients and the respective p-values.

- Beta0 = ? with p = ?
- Beta1 = ? with p = ?

Beta0 alias intercept predicts the value of the dependent variable (named x) if the independent variable time (t) is zero. Beta1 provides information about the strength of the relation between x and t: It predicts by how much x changes if t is increased by one (given the relation is significant).

Statistical Tools for TWO ORDINAL Variables

Plot of Time Series

- Lines: Split-middle trend lines (for the description of the method see chapter 6.3) (through the medians of the two segments indicated by the blue points).
- Vertical dotted line: Represents the mid-point of the time series.

Plot of x and y, Plot of x, Plot of y

Analysis of Time Series

Summary Statistics

[n/median/mean/sd/min/max/range of **x** and **y** and the respective percentage differences]

See the 'help' section for further information about this table.

Test Statistics

Analysis of a Relation between the two Time Series

To examine the correlation between two measured variables, Spearman's Rho and Kendall's Tau can be used.

- Rho = ? with p = ?
- Tau = ? with p = ?

Test Information

The test statistics may overestimate the correlation, if the respective time series of the two variables contain a trend in the mean. Therefore, it is recommended to test each of the two variables separately on a trend in the mean before applying this method. To do that, you enter the observations of the two variables separately in the data input field and then you examine also with Rho and Tau if there is such a trend. If for neither of the two variables a significant trend has been found, you may interpret the test statistics above without restrictions. If the statistics were significant, you should remove the trend by differentiating (see the case example in chapter 7.5).

Rho and Tau both have to be interpreted the same way. The minimum value the coefficients can take is (-1) and the maximum value is (+1), each one standing respectively either for a perfect negative or positive correlation.

Test hypotheses:

H0: There is no significant correlation between the two time series.
H1: There is a significant correlation between the two time series.

If you have entered ordinal variables, you should use Tau - as Rho overestimates the relation in this case. If you have entered interval or ratio variables you may use both correlation coefficients.

Note: The result 'NA' means that there is no relation between the two time series.

Statistical Tools for TWO INTERVAL or RATIO Variables:

Regression of Time Series

For the regression analysis a simple linear model is being used. This is the only parametric method in SCE. Beware of the stronger assumptions of this method compared to the nonparametric methods. To be able to interpret the coefficients below, your data must be in an interval or ratio scale. (If this is not the case, it is only possible to interpret the signs of the coefficients but not their values.)

If these 'core conditions' are fulfilled, you may use this analysis as an explorative tool, to give you an idea of the relation between the variables.

To facilitate the interpretation, only the most essential information is displayed below: the coefficients and the respective p-values.

- $Beta0$ = ? with p = ?
- $Beta1$ = ? with p = ?

Beta0 alias intercept predicts the value of the dependent variable (named x) if the independent variable (named y) is zero. Beta1 provides information about the strength of the relation between x and y: It predicts by how much x changes if y is increased by one (given the relation is significant).

Statistical Tools for ONE BINARY Variable

Plot of Time Series

- Representation of the binary input data in a s-curve / stairstep curve.
- Line: Split-middle trend line (for the description of the method see chapter 6.3) (through the medians of the two segments indicated by the blue points).
- Vertical dotted line: Represents the mid-point of the time series.

Analysis of Time Series

Summary Statistics

[n/median/mean/sd/min/max/range of **x**]

See the 'help' section for further information about this table.

Test Statistics

Analysis of a Trend in the Mean

To examine a trend in the mean of the time series, the Wilcoxon rank-sum test can be used.

- Upward trend with p = ?
- Downward trend with p = ?

Test Information
Test hypotheses for an upward trend:
- H0: There is no upward trend in the mean.
- H1: There is an upward trend in the mean.

Test hypotheses for a downward trend:
- (analog to above)

Note: An error message indicates in most cases that there is no trend in the mean.

To avoid misinterpretations, take a look at the split-middle trend line in the plot above, too.

Statistical Tools for TWO BINARY Variables

Plot of Time Series

- Representation of the binary input data in a s-curve / stairstep curve.
- Lines: Split-middle trend lines (according to the method in chapter 6.3) (through the means of the two segments indicated by the blue points).
- Vertical dotted line: represents the mid-point of the time series.

Plot of x, Plot of y

Analysis of Time Series

Summary Statistics

[n/median/mean/sd/min/max/range of **x** and **y** and the respective percentage differences]

See the 'help' section for further information about this table.

Analysis of a Relation between the two Time Series

To examine the correlation between two measured variables, the Phi coefficient together with Chi2 can be used.

- Phi = ?
- Chi2 = ? with p = ? [with continuity correction]
- Chi2 = ? with p = ? [without continuity correction]

Test Information

Test hypotheses:

H0: There is no significant correlation between the two time series.
H1: There is a significant correlation between the two time series.

The Phi coefficient provides the information about the strength of the relation. The p-values of Chi2 inform about the significance of this relation. The first one is calculated with a continuity correction and should generally be preferred. But as this correction can be too strong with short time series, it is recommended to also consider the second p-value with small N.

Note: An error message indicates in most cases that there is no relation between the two time series.

Statistical Tools for ONE ORDINAL and ONE BINARY Variable

Plot of Time Series

- Representation of the binary input data in a s-curve / stairstep curve.
- Line: Split-middle trend line (for the description of the method see chapter 6.3) (through the medians of the two segments indicated by the blue points).
- Vertical dotted line: Represents the mid-point of the time series.

Plot of x, Plot of y

Analysis of Time Series

Summary Statistics

[n/median/mean/sd/min/max/range of **x**]

Ignore the third line of the table in this case, since it does not make sense to compare the summary statistics of a binary and an ordinal variable by looking at the percentage differences.

See the 'help' section for further information about this table.

Test Statistics

Analysis of a Relation between the two Time Series

To examine the relation between an ordinal and a binary variable, the Wilcoxon rank-sum Test can be used.

- Positive relation with p = ?
- Negative relation with p = ?

Test Information

Test hypotheses for a positive relation:
- H0: There is no significant positive correlation between the two time series.
- H1: There is a significant positive correlation between the two time series.

Test hypotheses for a negative relation:
- (analog to above)

Note: An error message indicates in most cases that there is no relation between the two time series.

Bemerkung zum Anhang. Die Ausführungen in eckigen Klammern und die Fragezeichen in den oben dargestellten Hilfestellungen und Informationen aus *SCE* bedeuten, dass sich an der jeweiligen Stelle ein *GUI*-Element befindet, das sich abhängig von der Dateneingabe verändert.

Die zahlreichen Wiederholungen in den Beschreibungen rühren daher, dass für alle fünf Möglichkeiten der Dateneingabe immer wieder die gleichen – oder zumindest in ihrer Interpretation sehr ähnliche – Deskriptiv- und Inferenzstatistiken relevant sind.

Help

In this section you find some information on how to use SCE.

Data Input

You paste the time series data – that you have stored in a file of your spreadsheet program – as columns in the input field. Your input data should consist of either one or two ordinal or binary variables. By analyzing your data input, the application detects the scale type and displays the according statistical tools for your time series in the analysis section below the data input panel.

Provided Statistical Tools

Provided statistical tools for the five types of input data:

(1) One ordinal variable
- (i) Plot of the time series observations of **x**
- (ii) Analysis of time series
  - Statistical summary of **x**
  - Test Statistics:
    - Analysis of a trend in the mean: Spearman's Rho & Kendall's Tau
    - Analysis of serial dependencies: Dufour's test (Dufour, 1981)
    - Analysis of a trend in the variance: Records test of Foster and Stuart (1954)
- (iii) Analysis of time series segments
  - Statistical summary of **x1 (first half)** & **x2 (second half)**
  - Test statistics:
    - Analysis of a difference in the level between two segments: S2-test

(1b) One interval or ratio variable [special case]
- Analysis of a trend in the mean: linear regression (x against t)

(2) Two ordinal variables
- (i) Plot of the time series observations of **x** & **y** **(together and separately)**
- (ii) Analysis of time series
  - Statistical summary of **x** & **y**
  - Test statistics:
    - Analysis of a relation between the two time series: Spearman's Rho and Kendall's Tau

(2b) Two interval or ratio variables [special case]
- Analysis of a relation between the two time series: linear regression (x against y)

(3) One binary variable
  - (i) Plot of the time series observations of **x**
  - (ii) Analysis of time series
    - Statistical summary of **x**
    - Test statistics:
      - Analysis of a trend in the mean: Wilcoxon rank-sum test

(4) Two binary variables
  - (i) Plot of the time series observations of **x & y (separately)**
  - (ii) Analysis of time series
    - Statistical summary of **x & y**
    - Test statistics:
      - Analysis of a relation between the two time series: Phi coefficient

(5) One ordinal and one binary variable
  - (i) Plot of the time series observations of **x and y** (separately)
  - (i) Analysis of time series
    - Statistical summary of **x & y**
    - Test statistics:
      - Analysis of a relation between the two time series: Wilcoxon rank-sum test

Summary Statistics

Glossary

n - number of measurements;
median - number separating the higher half of measurements from the lower half;
sd - standard deviation;
range - range of the measurements (difference between the highest and the lowest value).

If the table shows the summary statistics for two variables or for two segments of one variable, a third line will be displayed which contains the percentage differences. This should make it easier to formulate hypotheses about the differences between the two variables/segments.

Use the median as central tendency measure, if you have entered ordinal variables. For continuous data (interval or ratio scale) you may use the mean or the median.
For further information about this issue, you may visit:
statistics.laerd.com/statistical-guides/measures-central-tendency-mean-mode-median-faqs.php

If you have entered binary variables, the summary statistics are not very interesting, because they do not provide meaningful information in this case. For binary variables the summary statistics are only displayed for reasons of completeness.

For general information about summary statistics, you may visit:
en.wikipedia.org/wiki/Summary_statistics

About

The Idea behind SingleCase Expert

This application has been developed in parallel with the book on single-case analysis, especially in relation to the chapters 6 and 7, which treat the statistical analysis of time series data.

By the application of a single-case design, data are gathered in order to be analyzed (see chapt. 2-4). Therefore, Single-Case Expert provides suitable statistic tools for some of the essential types of data.

German edition:

Reicherts, M. & Genoud, P. (Hrsg.) (2015). Einzelfallanalysen in der psychosozialen Forschung und Praxis. Weitramsdorf: ZKS-Verlag.

French edition:

Genoud, P. & Reicherts, M. (Eds.) (2016). L'analyse du cas singulier dans la pratique et la recherche psychosociales. Weitramsdorf: Edition ZKS-Verlag.

Author

Leon Reicherts
University of Fribourg
Department of Informatics
leon.reicherts@unifr.ch
ResearchGate

Special thanks go to Prof. Dr. Martin Huber, Dr. Christoph Leuenberger, Prof. Dr. Philippe Genoud and Prof. Dr. Michael Reicherts for their methodological and statistical input as well as to Rédina Berkachy and Layal Pipoz, doctoral students, for their technical advice.

Used R-Packages

-   ggplot2
-   psych
-   randtests
-   shiny
-   shinyAce
-   shinyBS

Upcoming Changes

-   Integration of a 'design-guide' to make the process of the design selection easier.
-   More detailed help.
-   Improved records test with higher robustness.
-   Integration of a trend method adjustment for the tests that are sensitive to trends.